医养结合概论

主　编　龚　勋　张　翔　王绚璇

副主编　石怀英　郝春艳　郝　贺

编　委

王　峥（清华大学经济管理学院/葫芦岛市第二人民医院）
王崇权（葫芦岛市第二人民医院）
卞莉丹（华中科技大学协和东西湖医院/武汉市东西湖区人民医院）
曲天娇（葫芦岛市第二人民医院）
刘巧丽（锦州医科大学护理学院）
闫晓彤（锦州医科大学护理学院）
李诗晗（锦州医科大学护理学院）
吴骁伟（华中科技大学同济医学院附属同济医院）
张一丹（海南医科大学）
张　明（华中科技大学同济医学院附属协和医院）
张洁欣（阜外华中心血管病医院）
张翼飞（武汉大学中南医院）
陈　娇（海南医科大学）
郝　贺（锦州医科大学附属第一医院）
胡梦含（华中科技大学同济医学院附属协和医院）
修自光（葫芦岛市第二人民医院）
高俊杰（葫芦岛市第二人民医院）
龚　勋（华中科技大学/葫芦岛市第二人民医院）
董四平（国家卫生健康委医院管理研究所）
谢俏丽（武汉市第四医院）
潘　杰（四川大学公共卫生学院）
王　菊（葫芦岛市第二人民医院）
王绚璇（华中科技大学同济医学院附属肿瘤医院/湖北省肿瘤医院）
石怀英（海南省老年病医院）
卢　果（海南医科大学）
朱碧涛（武汉市硚口区六角亭街社区卫生服务中心）
李志诚（葫芦岛市第二人民医院）
李曼琪（University of Texas, Houston Health Science Research Center）
张秀娜（葫芦岛市第二人民医院）
张施曼（葫芦岛市第二人民医院）
张　翔（华中科技大学医药卫生管理学院）
郝春艳（葫芦岛市第二人民医院）
胡　松（Lyceum of the Philippines University）
南东旭（武汉大学口腔医院）
徐新灏（武汉大学口腔医院）
黄　伟（深圳市福田区第二人民医院）
梁嘉卿（锦州医科大学护理学院）
喻　丹（武汉市第四医院）
蔡　毅（武汉大学健康学院）
霍　龙（葫芦岛市第二人民医院）

科学出版社

北　京

内 容 简 介

本书共九章。第一章主要介绍医养结合模式的背景、研究发展医养结合模式的目的与意义及现状分析，提出了互联网+医疗+养老+医保的“医养融合”服务和管理的思路。第二章通过对医养结合相关理论和相关政策进行梳理分析后，进一步明确医疗与养老服务的规划目标及具体任务。第三章主要阐述我国各个时期医养结合服务体系的建立与历史沿革。第四章和第五章介绍我国医养服务需求现状与特点及我国医养服务供给现状。第六章主要是国内外医养结合不同筹资模式及评价，通过借鉴外国经验，结合我国国情，从养老方式、筹资模式、法律体系及相关机构构建和专业人才培养等方面得出经验启示。第七章介绍长江经济带城市群健康产业发展现状、老年健康需求与供给、老年健康产业融资模式、老年健康产业融资路径选择等相关内容。第八章和第九章主要分析云计算模型对“医养结合”服务体系的影响，借助互联网+技术构建政府整体性治理机制、培养“互联网+”医养结合产业人才，阐述医养结合模式对老年专科护士的挑战和机遇等相关内容。

本书可作为从事医养结合管理人员与研究者、公共卫生事业管理、医疗、护理、养老等专业人员，以及相关专业的本科生、研究生的学习参考用书。

图书在版编目（CIP）数据

医养结合概论/龚勋，张翔，王绚璇主编. —北京：科学出版社，2024.6
ISBN 978-7-03-077293-0

Ⅰ. ①医…　Ⅱ. ①龚…　②张…　③王…　Ⅲ. ①养老–社会服务–研究–中国
Ⅳ. ①D669.6

中国国家版本馆CIP数据核字（2023）第251790号

责任编辑：钟　慧/责任校对：任云峰
责任印制：张　伟/封面设计：陈　敬

科学出版社 出版
北京东黄城根北街16号
邮政编码：100717
http://www.sciencep.com

北京九州迅驰传媒文化有限公司印刷
科学出版社发行　各地新华书店经销
*
2024年6月第　一　版　开本：787×1092　1/16
2025年10月第二次印刷　印张：7
字数：166 000

定价：59.80元

（如有印装质量问题，我社负责调换）

前　言

在我国人口老龄化、失能化越发严峻的形势下，面对旺盛的养老和健康服务需求，医养结合养老模式必将成为首选。我国老年群体数量庞大，老年人用品和服务需求巨大，老龄服务事业和产业发展空间十分广阔。近年来，党和政府大力支持和引导社会力量参与养老服务业发展，不断降低制度性准入门槛，从规划建设、土地供应、购买服务、税费优惠、补贴支持等方面对社会资本参与养老服务业予以鼓励和扶持，养老服务的供给和水平不断提升。在“银色浪潮”的推动下，社会和家庭对养老的观念已经发生了变化，老年人对养老服务的健康需求日益增加。

随着生活质量的提升，人们对养老质量提出了更高要求，老年人健康状况的发展存在较大的变动性和阶段性，在不同的时期人们对养老模式的需求不同，这就要求养老能够符合其个性化需求，因此个性化服务成为未来养老的必然趋势。互联网+应用为这种新型的养老模式提供更高的平台，加速了养老模式供给侧结构性改革，构建差异化、多层次医养结合养老模式。通过建立电子信息档案，以大数据为分析工具，掌握老年人需求，提供多元化的服务。搭建互联网护理培训平台，培养专业护理人才，拓宽资本市场，充分调动和整合全社会的养老资源和医疗资源。互联网不仅能够推动我国养老服务产业的发展，还能够催生新兴产业的发展，解决一部分就业问题。互联网+对医养结合养老模式发展的促进作用是显而易见的，也将为我国养老模式的发展带来新的变革，为医养结合养老模式提供新的发展思路。

本书是在我国养老事业探索和发展的背景下，为从事医养结合管理人员与研究者、公共卫生事业管理、医疗、护理、养老等专业人员，以及相关专业的本科生、研究生提供的学习参考用书。本书的编写注重科学性、实用性、规范性。

在本书的编写过程中，编委们参阅了国内外大量有关的教材和专著，对国内外相关理论研究进行了梳理和分析，收集和整理了许多实际案例，同时通过大量的实证研究对不同的管理模式和服务体系的优缺点进行了比较分析。本书注重理论分析和实证研究相结合，通过数据分析阐述各种管理模式的适应条件，在前期文献研究的基础上，采用了问卷调查法、理论分析法、知情人访谈等方法对医养结合的管理模式进行实证研究。与此同时分别对医养结合养老模式的现状、管理模式及存在的问题和原因进行了比较，提出借助互联网+技术构建政府整体性治理机制，完善相关政策和法规、制定统一标准，完善医养结合保险制度，运用互联网技术实现信息共享，拓展筹资渠道、多元化运营，培养医养结合产业人才等建议。本书的编写得到了国家卫生健康委医院管理研究所、清华大学经济管理学院、华中科技大学同济医学院附属同济医院与华中科技大学同济医学院附属协和医院、武汉大学口腔医院、武汉大学中南医院、湖北省肿瘤医院、四川大学公共卫生学院、阜外华中心血管病医院、海南省老年病医院、葫芦岛市第二人民医院、深圳市福田区第二人民医院等医疗机构及其专家学者们的支持和帮助。在初稿完成后，又广泛征求相关专家意见和建议。能够高质量地完成本书的编写任务，离不开每位编委的辛勤付出，尤其是董四平研究员、王峥研究员、潘杰教授、蔡毅教授、施龙飞主任医师、张占修教授、刘殿军副主任医师对本书的编写提出了很多宝贵意见！同时也非常感谢蔡伟、杨帆、关颖等同志为本书文字校对工作做出的贡献。葫芦岛市第二人民医院作为辽宁省博士后创新实践基地和医养结合示范基地，为本书的编写提供了大量的数据支撑。在此，向全体参编人员高度负责的态度表达最诚挚的敬意和谢意！

本书如有疏漏之处敬请广大师生和读者批评指正，以便进一步完善与提高。

编　者

2024年4月

目　　录

第一章　绪　　论

第一节　医养结合背景分析

一、人口老龄化形势严峻

截至2022年底，我国60岁及以上人口28 004万人，占全国人口的19.8%（图1-1），其中65岁及以上人口21 074万人，占全国人口的14.9%（图1-2）。自从1999年以来，我国进入老龄化社会，到2022年为止，老年人口净增加了1.49亿人。尽管老年人口增速有所放缓，但人口老龄化程度仍在加深。预计到2050年，我国老年人口数将达到峰值4.87亿，占总人口的34.9%，中国60岁及以上人口首次超过0～15岁人口。

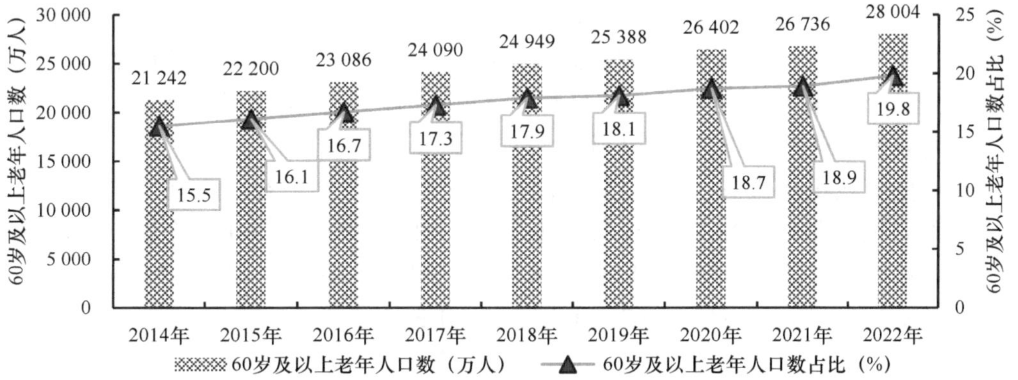

图1-1　2014～2022年60岁及以上老年人口数及所占比例

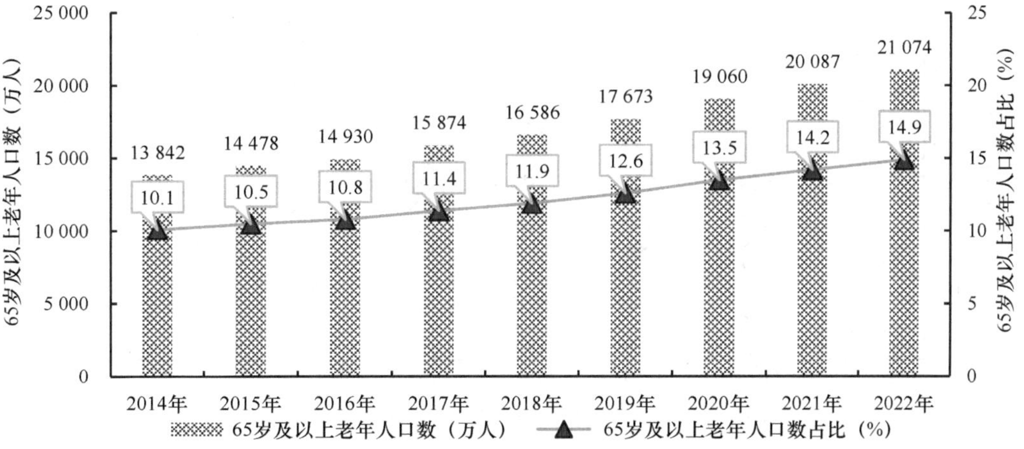

图1-2　2014～2022年65岁及以上老年人口数及所占比例

据联合国统计预测2000～2050年将是我国人口老龄化程度急剧加重的阶段，老龄化过程大致分为三个阶段：第一阶段为2000～2020年，65岁及以上人口比例从2000年的7.1%上升到2020年的13.5%，20年间老龄化比例仅上升6.4个百分点；第二阶段为2020～2040年，65岁及以上人口比重将从2020年的13.5%急剧增加至2040年的21.8%，老龄化比例上升8.3个百分点，老龄化速度加快；第三阶段为2040～2050年，处于高峰期，是人口老龄化的严重阶段，但老龄化速度下降，10年间老龄化比例只增加1个百分点。

根据《中共中央 国务院关于优化生育政策促进人口长期均衡发展的决定》中的预测，“十四五”期间我国的人口将进入中度老龄化阶段，而到了2035年前后则会进入重度老龄化阶段，这必将对我国经济运行全领域、社会建设各环节、社会文化多方面产生深远影响。

二、社会养老服务供给明显不足

2023年10月，《2022年度国家老龄事业发展公报》显示：截至2022年底，全国共有4143万老年人享受老年人补贴，其中享受高龄补贴的老年人3406.4万人，享受护理补贴的老年人94.4万人，享受养老服务补贴的老年人574.9万人，享受综合老龄补贴的老年人67.4万人。中国老年人群体庞大，但社会养老服务供应却明显不足，无论是在养老服务机构及设备方面，还是在专业的医疗养护人员和服务管理人员的数量上都有所欠缺，不能满足当前的社会养老服务的需求，这对我国社会养老事业的发展造成了严重的阻碍。党的二十大报告明确提出，为了人民幸福生活是我们党的根本宗旨，我们必须始终坚守以发展的视角来保证并提升人民的福祉。

从现有的养老机构服务（主要指硬件设施和服务）条件来看，截至2022年底，全国共有各类养老机构和设施38.7万个，养老床位合计829.4万张。其中，全国共有注册登记的养老机构4.1万个，比上年增长1.6%，床位518.3万张，比上年增长2.9%；社区养老服务机构和设施34.7万个，共有床位311.1万张（图1-3）。

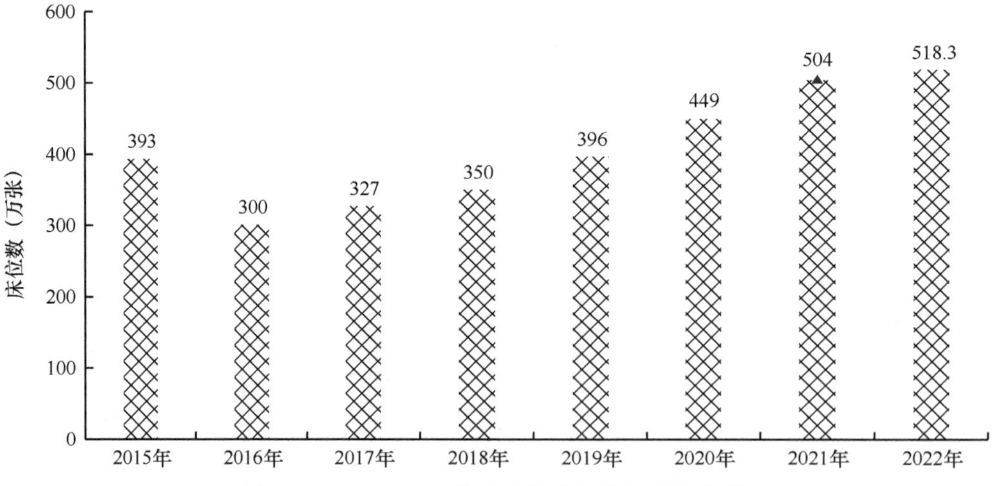

图1-3 2015～2022年全国社会服务机构床位数

从现有的医疗机构服务（主要指硬件设施和服务）条件来看，截至2022年底，全国医疗卫生机构数1 032 918个。与2021年同期比较，全国医疗卫生机构增加1983个，其中：医院增加406个，基层医疗卫生机构增加1978个。截至2022年底，医院约36 976个，其中：公立医院11 746个，民营医院25 230个。与2021年同期比较，公立医院减少58个，民营医院增加464个。基层医疗卫生机构979 768个，其中：社区卫生服务站26 095

个，乡镇卫生院33 917个，诊所（医务室、护理站）282 386个，村卫生室587 749个。与2021年同期比较，社区卫生服务中心/站增加，乡镇卫生院减少，诊所（医务室、护理站）增加，村卫生室减少。专业公共卫生机构12 436个，其中：疾病预防控制中心3386个，卫生监督所（中心）2944个。与2021年同期比较，疾病预防控制中心增加10个，卫生监督所（中心）减少66个。

从医护人员比例来看，我国医护比例从2021年的1∶1.17略微提高到1∶1.18，但仍与国际标准水平（1∶2.7）相差较远，当前我国的护理人力资源尚不能满足社会需求。对于老年人来说，他们的健康问题主要表现为发病率较高、病情多样化，并且往往伴随着长时间的治疗过程、各种伴随症状及复杂的治疗方法，同时他们也面临着较高的医疗费用、住院费、护理人员成本等方面的支出。而这些支出的增长速度要快于老年人的数量增长速度。随着失能老人的不断增加，使得现有家庭的看护能力、养老模式、医疗服务形式，以及养老医疗保险制度都面临巨大压力。在新的人口增长减慢、老龄化的趋势越来越明显的背景下，确保有足够的高品质、高效益的专业医养人才储备，已成为延长人口红利期限、提升经济社会发展质量的关键因素。在新的经济环境中，推动智能型和服务型的产业的发展，如健康服务行业，已经成为了抵御经济下滑压力、实现医药卫生事业持续发展的关键途径。

三、医养结合的政策环境

自21世纪以来，人口老龄化问题日益严峻，老年人接受教育的水平逐渐提高，老年人的子女数量逐渐减少，老年人空巢现象普遍存在，并且社会和家庭的养老费用越来越高。与欧美和日韩等发达国家相比，中国的老龄化问题更加明显，主要表现为“未富先老”，同时老年人的养老和健康服务体系存在不完善、机制不健全、运行不畅通的问题。因相关制度设计、政策制定和基础配套设施滞后，面对突如其来且社会涉及面较广的老年人养老和健康需求问题，应对策略和有效措施就显得有些“捉襟见肘”。

美国、澳大利亚、德国、日本，以及瑞典等国家较早面临人口老龄化的挑战，因此他们在初期就已经认识到老年人的身体健康对于社会的稳定至关重要。这些国家主要是通过健全的法律法规来确保老年人的健康权益得到法律上的保障，并且通过优化制度设计和加大法规执行力度，更清晰地界定了政府的责任范围，并在政府的主导之下建立起多元主体共同参与的资金募集机制，以满足老年人的需求。随着老年人口数量的持续增长，以及他们倾向于在家中或社区内养老的需求，近年来各国的关注重点已逐步转向对居家及社区养老。

“十四五”规划纲要提出，构建居家社区机构相协调、医养结合的养老服务体系。医养结合，即医疗卫生服务与养老服务相结合，是指针对居住在家中或社区内的老年人，除了基本的生活照顾外，还应满足他们对医疗健康服务的需求。从2001年开始中国步入老龄化社会，至今已有20余年，预计2027年全国的老年人将会翻倍（全国14%人口将会是65岁以上的老年人）。随着社会老龄化程度的持续加重，高龄老人、空巢老人和失能老人也在逐步增多，因此从“医养结合”角度来关注中国老年人的养老问题已经成为了一种社会发展的大趋势。

老年人健康的保护问题已然成为了社会的焦点，同时这也是决定着区域，甚至全国的社会安定及经济发展平衡的关键民生问题。我国目前正处于“未富先老”的时期，且养老机制尚不健全。因此，如何高效地处理老年人的基础医疗保健和服务需求等难题，已成了医药卫生系统改良和养老服务系统构建的核心话题。当前，在我们社会经济迅速转变的关键时刻，“老有所医、老有所养、老有保障”已经成为我国政府必须应对的重要问题。通过结合医疗资源和养老资源的方式，我们可以充分利用社会资源达到最佳效果。推动实施以医养结合为核心的养老照护模式，确保老年人能够获得适当的照顾和医疗服务。

四、医养结合体系建设相关问题

第一，就老龄人口的健康需求来看，分离式管理的医疗和养老服务无法有效供应符合老年人健康的产品。第二，基于对老年人健康提供的理解，把医疗和养老结合在一个服务系统或平台内是极有效的资源分配和组合方式。第三，从财务收益角度考虑，医养结合（或医养融合）的管理模式显然是一种优化了的资源分配和最大化利益的方式。第四，从信息的获取和处理视角出发，“互联网+老年健康”的方法明显在快速传输并低成本的信息交换方面表现得极为出色。第五，站在我国政府行政职责及其运行制度的高度观察，长久以来的医疗、养老、医疗保险都是三个各自独立运转的系统，由于不同机构间的资源不能共享、信息流通受限、工作效率偏低、各系统标准不一致、政策对接困难等问题，使老年人的养老和医疗服务系统遭遇了一系列如评估指标不匹配、费用评定差异、管理训练冲突、政策支持实施难度大、保障机制效果未充分发挥等问题。要构建医养结合服务体系来保障老年人的健康，就必须从制度建设与实践操作环节上解决上述问题。

当前，我国由于医养结合的管理模式与制度实施，需要对现有涉及老年健康方面的分块管理模式进行调整和完善，涉及有关部门职能整合与调整，相关政策衔接与完善，社区服务职能与体系建设与细化，社会和家庭的认知变化，老年健康产业的布局与建设等方面，为保障医养结合服务体系顺利实施，必须对涉及的各方利益进行分类调整与再分配。这不仅涉及法律法规、政府政策、部门职能调整等问题，还涉及老年健康筹资与管理等经济和伦理层面的问题。

面对数量庞大的老年医养结合的健康服务需求，完全依靠现有的医疗+养老的服务体系和格局是很难有效满足的，看似简单的医疗+养老服务体系，其实涉及了经济、社会、管理等层面的复杂问题。法律权威的作用在于调和各种冲突因素，使得相关各方的利益能够在共享和兼容的情况下实现合理的优化。这就是所谓的利益均衡。从医养结合服务体系的要素构件来看，要想实现这个体系的各方利益均衡，就必须综合运用经济和管理的手段，在制度设计的层面上予以解决。

第二节　医养结合模式发展分析

一、发展医养结合模式的目的

运用资源配置优化理论规范分析医疗和养老服务管理主体间在制度设计与政策衔接方面的关系，围绕“大健康理念”来设计、组合和优化资源配置；并在此基础上，对涉及老年人医疗和养老的各相关部门机构（卫生、医保、民政）、社会组织和服务提供机构间的利益进行剖析，为完善互联网+医疗+养老服务体系，实现医疗和养老资源最优配置奠定理论基础。

大健康理念

大健康理念是随着社会发展、经济进步、健康需求的提高和疾病谱的改变，提出的一种全局性的理念。它体现在人们生命的全过程中，关注各种影响人们健康的危险因素，从治疗疾病转向预防疾病，提倡自我健康管理。大健康理念追求的不仅是个体身体健康，还包括精神心理、社会环境、道德等方面的更全面、多层次的健康。

假设互联网+医疗+养老信息整合技术完备的条件下，能有效实现区域性各类信息共享，在此基础上，将政府、社会和家庭投入到老年人医疗和养老方面的所有资源量化处理，通过成本效益分析选择最优技术创新模式下实现老年人健康利益最大化（满足养老条件下医疗服务享用最大化），且各利益方达到均衡状态。

二、发展医养结合模式的意义

老年人的养老和健康问题是社会综合治理的重要内容，是全球社会经济发展到一定阶段亟须思考和解决的难题。因老龄化和家庭结构的变化，传统的家庭养老模式已经很难适应和满足老年人养老和健康的需求，社会化养老已经成为必然趋势。在“银色浪潮”的推动下，社会和家庭对养老意识已经发生了变化，面对旺盛的养老和健康服务需求，医养结合养老模式必将成为首选。

第三节 医养结合模式现状分析

一、国外相关现状分析

国外有关医养结合的制度设计起源于20世纪70年代，主要是以瑞士、英国、德国、美国为代表的欧美发达国家，亚洲国家中日本、新加坡在医养结合制度和体系建设方面也积累了丰富的经验。总的来说，为了解决社会老龄化和老年人健康问题，国际政府在医养结合领域提供了全面的援助，包括法律框架、优惠政策、资金支持、产业帮扶，以及设施建设等方面。

（一）医养结合制度建设方面

在福利多元主义理论的支持下，如特雷德加德（Trydegard）和潘迪（Pandey）等学者提出了建立适合老年人的长期护理制度框架的方法。当前，发达国家的四种主要模式包括：①以瑞士为例的普恩式长期照护制度模式，由政府资助并向所有需长期护理的人们提供服务，涵盖人群广泛；②以英国为代表的长期照护救助制度模式，由政府资金支持，免费向贫困人口及年长者等人群提供照护服务；③德国与新加坡为长期照护社会保险制度模式，这一模式要求所有合法居民都必须加入到这一社会保障中来，这种模式是强制性的且受到法律法规的保护；④根据美国的经验和日本的情况形成的市场长期照护保险制度，即参与者可以通过购买商业保险来获取长期护理服务。以上四种不同的模式选择导致了筹集资金的方式也各异。

1938年德国颁布了《护理法》，成为第一个以社会立法形式实现社会保险的国家。1963年，日本相继出台了一系列的规范性、引导性法律法规，其中包括《老人福利法》《老人保健法》《高龄者保健福利推进十年战略》等，从2000年起日本推行了介护保险制度，将护理保险制度与医疗保险并行，并由个人和保险组织共同承担费用。为了调和养老和医疗护理之间运营和管理方式的差异，日本的养老院将医疗机构外包给医院来运营管理，以提高养老和医疗的专业效能。1997年，美国政府颁布了《平衡预算法案》，其中提出了著名的老年人全方位护理计划（the Program of All Inclusive Care for the Elderly，PACE)。该计划旨在为美国老年人提供全面医疗照顾，特别是为体弱多病的老年人提供长期护理/照顾。美国除了有联邦政府的相关法律、政策外，各州还根据老龄化程度制定了相应的政策。通过制定相关法律法规，美国老年人得到了福利、医疗保健、保险等方面强大的制度保障和法律支持。

英国政府倡导“整合性”照料模式，其是在老年人实际需要的基础之上构建相应的策略组合及全面性的机构架构，包括急性医疗照护、长期照料、社会照顾、交通食宿等服务，并出台了《国民健康服务法》《国民保健法》《全民健康与社区式照顾法案》《国家老年服务框架》《国民健康服务和社区式照顾法》等，从法律角度规定了老年服务领域的执行标准和实施细则。如《国民健康服务和社区式照顾法》中规定了社区在承担老年医疗服务的职能和义务。同时还在涉及居住环境改善和生活必需品供应等问题/领域内的工作任务分配问题上也做出了明确的规定，如在公共交通设施的使用权限划分等方面都做了详细而具体的安排。

荷兰政府为了鼓励私人参与养老服务的提供，为在私营医疗机构接受健康保障和援助的老年人提供了部分费用减免或经济补助。此外社区也负责承担着医疗保健与照料服务的职能，包括饮食、医疗护理/康复、社会活动等服务。对于需要家庭护理的老年人来说，他们可以根据自己的需求挑选不同级别的专业护理服务，这些服务范围从日常生活的照顾到医疗服务都包含在内，而这其中的医疗服务则涉及药物的管理、身体的护理、健康教育的推广、康复训练、家居治疗等方面。

丹麦政府将医疗与养老的融合作为重心，着力于培训医护人员，并且强制执行每年两次的养老护理工作环境评估活动。同时，要求养老机构持续优化护理工作环境，并且教育机构也在不断地向该领域输送高质量的专业人才。

（二）医养结合服务模式建设方面

国外医养结合服务模式主要分为家庭养老、机构养老和社区养老三种形式。采用这三种形式主要与西方国家的家庭理念和个人价值观密切相关。在实行医养结合服务模式之初，国外主要采取“机构养老为主，家庭养老为辅”的形式，特别是美国、德国、英国、新加坡、瑞士等国家。但随着老龄化逐渐加剧，机构养老的资源和资金压力越来越大。此外，老年人对家庭养老的需求远大于对机构养老的需求，因此许多国家都建立了家庭养老为主的养老模式，如德国、澳大利亚实行“家庭养老为主，机构养老为辅”的形式。德国有家庭护理、专家疗养院、老年疗养院，其中家庭护理占62.6%，养老服务项目包括上门护理、日托和短期养老。有学者指出，在东亚地区，孝文化影响着国家政府对养老模式的政策制定。老年人福利中心的主要任务是为辖区内的老年人提供各种服务，通常由保健师负责，包括健康教育、保健服务、健康体检，并提供家庭方面及家属指导。

美国于1981年推行了家庭医疗补助和社区服务计划，2010年通过《保护患者及可负担医疗》。美国有非常庞大的义工队伍，每天有80万～120万义工到失能或半失能的老年人家中服务。

日本主张社区养老。2000年4月，日本开始实行介护保险制度，这是全球首个推广的养老护理保险体系，旨在帮助失能和半失能的老年人从医院中解脱出来，并回归社区。日本有多达13种的居家养老服务种类，鉴于完善的护理体系和护理保险制度，日本的居家养老服务主要是建立在以社区为服务和管理单元的“小规模、多功能”社区养老模式。

瑞士与瑞典是高福利国家，由国家政府主导、养老服务协会具体展开相应工作，对受益者收取一定费用。近年来瑞典各地方政府鼓励一些商业化运营以提高养老服务竞争效率。

法国的社会保险体系采用的是即时支付的方式，并在2006年推出了养老金券的使用方式，持有人可以凭借该券换取相应的老年护理服务。而这些服务的供应商会和发售此券的企业进行费用清算。这其实就是一种引入了第三方的监管及评估系统的运作模式。政府从整体层面设立了对养老金券发放公司和老年人照顾设施的高标准审查流程。

（三）医养结合的社会组织参与

国外的社会组织参与医养结合主要有帮助建设和维护养老机构的硬件和软件管理。医养结合的服务系统中，社会组织的核心作用在于其对基础设施建设的贡献。具体来说，包括：①社会组织会在传统护理院内为患有严重行为问题或无法独立生活的老年人提供养老服务；②社会组织在老年护理中心协助老年人根据自己的需求挑选合适的医疗机构与养老设施（如康复医院等）；③社会组织还会在老年人的住宅区（即老年健康房地产项目）里为身体健康且能自主生活的退伍军人提供养老服务。

医养结合服务的构建中，社会组织的参与方式包括：①定期且随机地对提供此类服务的机构实施全面及动态化的评测与监控，这可以是通过国家的引导或是第三方的主持来实现的，其过程必须保持客观、公平和透明，同时应配套相应的奖励和处罚制度以确保公众能够做出理性的决策（参考国外的成功案例，我们可以利用现有的评价方法和信息渠道，结合使用这些工具和服务媒体，从而提高我们在这方面的效率与水平）。②运用新技术，对“医养结合”服务机构的服务质量和服务体系建设进行完善，如荷兰在疗养院里每个护理单元都设立了一个计算机工作站系统，涵盖了服务项目和服务日程安排，并及时记录和更新每位老年人的护理状态和身体变化，从而提升管理效能，并提高服务水平。

二、国内相关现状分析

国内学者对医养结合的研究主要集中在对社区养老、家庭养老、机构养老和异地养老、以房养老等模式探索和比较上，更多的是对各种模式的优劣进行比较分析。实证研究方面，对医养结合养老模式的研究资料还比较缺乏，这主要与我国传统的家庭养老观念和家庭结构有关。

国内医养结合的研究起始于2004年底，在讨论人口老龄化和现有的8-4-2-1的家庭结构（即1个家庭中，有1个孩子，夫妻2人，双方父母4人，双方祖父母8人）分析时，对老年人的养老和医疗需求并存的问题如何解决进行了广泛的讨论。郭东、李惠优等提出“医养结合、持续照顾”理念，医疗和养老机构之间进行各种合作，实现优势互补，进而处理老年人医疗和养老问题。有研究为了解老年人的养老需求，探索适合身体较差老人的养老模式，对浙江省金华市西关、城北两社区625位老人进行调查的结论是：“医养模式的开展更有利于提高老年人生活质量，同时也有效减轻中央人民政府和家庭的负担。”张立平指出“医养结合”是应对人口老龄化形势，强化养老服务的必然需求；是应对养老机构总量不足和结构性短缺并存的迫切需求；是应对老年人多病医疗保健服务的特殊需求。此外有研究者从老年人长期住院导致的“滞床”现象入手，提出建立我国“医养结合”的照护体系，有效弥补了两级医疗机构的不足，是建设覆盖城乡医疗服务体系的重要组成部分。吴宏洛指出医养结合养老模式既可以解决老年人长期“滞床”现象，又能满足他们对老年慢性病护理的需要。从市场的需求角度来看，庞大的慢性病老年人群使养老服务体系和医疗卫生保健体系面临更严峻的挑战，对长期护理服务模式提出了更高层次的需求。从市场的供给角度来看，医疗、养老资源的整合，既提高了医疗资源的使用效率，又大大降低了养老院自建医疗机构的建设成本，是一种双赢的策略。

对“医养结合”的服务和管理模式研究主要集中在以下四个方面。

（一）公立医院设立老年养护（康复）病房（单元）

根据老年人的需要提供医疗、康复、生活照顾等种类的服务，并设立老年养护（康护）病房（单元），这些主要是通过对部分疗养院和二级及以下职工医院改制或改建来实现。公立医院设立老年养护病房模式的医疗服务方面能力强，但由于其占用了相对高质量医疗资源，只能在当地医疗资源丰富、资源闲置的情况下建立实行。

（二）养老机构提供医疗服务

国内部分养老院已开始设置医疗部门以满足入住老年人的日常健康需求，如康复治疗、持续照料及慢性病管理等。这些服务主要针对患有严重慢性病并常年需要卧床或不能独立生活的老年人。如在北京、武汉、厦门和成都等城市，有养老院成立了专门的医疗服务中心来处理这类情况，其中包含内科、外科、中医科，以及检验科等科室，以便能够迅速实施急救和诊断措施，同时有专业的护士全天候陪伴、照顾老年人，从而保障他们的生活品质和医疗救治的效果。然而，当前的问题在于，虽然某些地区的养老机构提供了医疗服务，但在部分地区尚未完全解决相关资格认证的问题，申请医疗机构许可的过程繁琐，并且有些医疗救援和诊治服务并未被医保覆盖，这使得患者及其家庭承受着巨大的财务负担。

（三）居家养老机构定期购买医疗服务

国内部分功能成熟型的社区已经成功地实施了居家养老模式，该模式的核心是让老年人在家里接受家人的照料并享受基本的生活保障。政府会以购买服务的形式向这些社区的健康中心支付费用，以便他们能够定期对居住在此地的老年人提供预防性的健康维护、康复护理及针对常见的疾病与慢性病的诊疗和恢复护理服务。然而，这种方式存在的问题是，当前社区医疗机构的人员工作负担较重，他们的主要职责是在白天处理老年人需求，而如果晚上出现老年人生命危险的情况，这些社区医疗机构的人员可能无法立即采取行动。

（四）社会资本办医养结合机构

当前，许多地区包括北京、上海、福建、江苏、浙江、湖北及广东已经在医养结合领域引入了大量的社会资本。从政策角度来看，这些地方的社会资本已获得政府的支持来开展医养结合项目。同时，一些商业银行也在为养老机构的发展提供金融援助。例如，在北京，房地产业者与民政局、卫生部门联手推出的服务模式就是一个典型例子。同样，在苏州，卫生、民政、医保等相关单位携手推动私立护理院的建立与成长，这种多元化的合作使得老年人在支付约1500元的费用后就能享受到专业的照顾，这吸引了很多社会资本参与其中并且实现了盈利。然而，尽管社会资本可以直接创办医养结合设施且拥有充裕的资金和服务范围广的特点，但他们仍然需要解决，诸如身份确定、利润分配与公益目标之间的冲突问题，同时也增加了监督管理的复杂度，从而限制了他们的迅速推广。

当前的研究中，关于医养结合服务的政策制定和经济支援方面，我们发现很少有来自国家的、社会的或学界的关注。因此，急需探讨的问题包括：明晰医养结合服务的目标人群（如预测相关的群体规模、需求和社会经济成本等）、具体的内容（提供哪些服务类型及其覆盖面），以及确立其管理的运作模式（例如，如何利用大数据云计算技术更高效地处理医养结合的技术难题，并据此建立合理有效的管理策略和运营体系）等。

第二章 医养结合相关理论及相关政策

第一节 医养结合相关理论

一、福利多元理论

福利多元主义（welfare pluralism）这一概念首次出现在1978年，由英国沃尔芬德（Wolffenden）在《沃尔芬德：志愿组织的未来》（“Voluntary Organizations’ Future Report by Wolffenden”）中被提及，并倡导将其应用到对社会的援助行动上。该理论认为应将志愿者团体囊括为社区服务的一部分。此理论后被融入了英国的社会保障体系之中。

福利多元主义

对福利多元主义有明确论述的是罗斯，他在《相同的目标、不同的角色——国家对福利多元组合的贡献》一文中详细剖析了福利多元主义的概念。

罗斯认为福利国家是一个容易引起歧义的概念，人们会误认为福利的提供者完全是政府。国家在提供福利上的确扮演着重要角色，但并非是福利的唯一提供者。他主张福利是全社会的产物，家庭、市场和国家都要提供福利，放弃市场和家庭，让国家独自承担责任是错误的。市场、国家和家庭在社会中提供的福利总和即社会总福利，用公式表示为：TWS=H+M+S。TWS是社会总福利，H是家庭提供的福利，M是市场提供的福利，S是国家提供的福利。

主张多元的福祉观念鼓励人们通过多种途径获取幸福感，这包括不仅依靠市场的力量也包含国家的支持，同时认为幸福的产生源于整个社会的力量。该观点还提倡从四个领域来提供各种形式的社会保障产品，这四个领域都应有所贡献并尽可能多地投入到这个过程中去。这种理念称为混合福利经济（mixed economy of welfare）。福利多元理论的核心思想在于指出可以通过多个渠道，如公立与私有公司、无营利组织的介入以满足民众的需求和社会救助工作需要，而作为主导者的政府则需转型成为这些活动制定规则的管理人、采购方和服务分配协调员等职责中的一环，并且还要推动其他相关领域积极行动，提升他们的效能水平。

应对福利国家的困境，我们需要关注除政府之外的社会机构在福利供给上的影响。福利制度向多层次综合体转型的关键在于“私营”或“非官方化”，也就是缩小政府职责范围。从分权的角度来看，这意味着社会福利与服务的需求应当从过去主要依赖于中央政府或地方法律执行者的情况，转向由更小型的地域或团体负责。它的本质是在强调社会福利和服务的本地性和社群性，并鼓励公众积极参与和做出决策，带有强烈的反对官僚主义和专业的倾向。

主要困扰福利多元主义的因素包括：①在当代社会，由于各种原因，家庭有时并不能提供足够的福利，反而成为了福利需求的一部分；②志愿组织不稳定性较强，无法提供充分稳定的社会福利。

福利多元主义的外部挑战是多元的，主要表现在：①由于世界一体化进程的影响，使社会的转变超出了福利多样化的管理策略范畴；②随着人类构成比例和工作岗位类型的调整，可能引发不利的结果，从而影响福利的多样性的实施效果；③就业市场环境的不确定性和复杂度对现有的福利制度提出了新的要求与适应问题。

我国人口老龄化形势的不断发展、老年人养老服务需求的急剧扩张与多元化、家庭结构和规模小型化、中国老年人口“未富先老”的现状，使得老年人的养老服务需求和服务供给之间的矛盾日益突出，迫切需要社会力量的参与，形成多元主体供给模式。

二、社区式照护理论

社区式照护（community care）理论起源于英国，1956年英国学者苏珊·特斯特提出针对居家老人的社区式照顾的理念，这种模式主要依赖非正规的方式来满足他们的生活需求，并为他们安排住处。社区式照护是由居住在同一区域内的各方参与者共同构建的一个非官方组织结构，包括了亲友、邻居、志愿人员及社区领导等，这些参与者都能够协助社会公共部门或其他专门机构在社区内部向有需要的老年人提供支持和服务。这个观念之所以出现是因为人们意识到，如果把老年人送进养老院，老年人的权益可能会受到损害。而且养老院的目标主要是为了盈利而不是提升服务的品质。此外，由于管理层面的原因，养老院往往会变得过于官僚主义。因此，许多人开始质疑养老院对待老年人的态度是否合适，并且指出“老年人的服务是最能反映出社区式照护特征的服务类型”。

社区式照护包括在社区式照护、由社区式照护及为社区式照顾。虽然社区式照护理论起源于西方，但是华人社会固有的孝思想、家国一体和互助精神等传统文化理念却有益于此模式在这些地区推行，如中国香港、中国台湾从上至下均接受此理念且实施，并获得不错的效果。但在内地，社区式照护基本未被推广，只有少数业内人士知晓。

社区式照护能够在某些方面弥补家庭照顾和机构照顾的不足。不同于传统的家庭照顾，社区式照护综合利用了社区内的各项资源，能够更大程度地满足老年人的各项生活需求。此外社区式照护也不同于机构照顾，一方面机构照顾确实能够为老年人提供更为专业的服务，但此种服务往往要求老年人有较高的经济实力，另一方面机构照顾往往会要求老年人脱离原有的生活环境，某种程度上会增加老年人的精神压力和孤单寂寞感，社区式照护则弥补了机构照顾的不足，能够全方位为老年人提供专业且贴心的照料。

三、整体治理理论

整体治理理论是由英国学者佩里·希克斯（Perry Hicks）在1997年首次阐述，并在2000年左右发展成一套相对完善的理论体系。它主要应对了当前政府管理的两种方式，即科层治理与竞争性治理所存在的诸多问题。

整体治理理论的核心内容包括5个方面：

（1）以解决“政府问题”为主导向解决“公民问题”为主导的转变。

（2）“多维整合”，既包括政府部门间横向合作性整合，又包括国家政府部门间纵向整合和公私部门间整合。

（3）利用信息科技和网络科技作为管理工具，注重简化决策与执行的过程。

（4）协调目标与手段的关系，将政府部门间的整体性整合上升到整体型政府的高度。

（5）重视责任感和制度化等功能性要素，从法律层面对整合进行巩固。整体性治理理论的提出为解决政府部门间的孤岛现象、碎片化现象提出了全新的解决方案，有利于提高政府部门的行政效率和资源利用效率，进而提高民众对国家政府的信任感。

医养结合养老模式的发展和运作涉及民政、卫生健康、人力资源和社会保障、医疗保险、老龄工作委员会办公室等部门，而在我国政府的长期运作过程中，虽然职能转变、体制机制改革取得了一定成效，但对于功能分化比较明显的部门，仍然没有一套完整、长效的协作机制。

对于医养结合机构的管理、模式的运作管理中，各管理部门间出于对自身政绩的考量，容易出现管理的碎片化，主要体现在：部门职能交叉、权责不明确；政出多门产生的政策冲突和重叠；对可预知的行政风险作出的集体规避导致管理缺位等。

整体性治理理论提出了针对医养结合模式的政府治理新思路，依据此理论建立健全多部门间的长效协调机制，可以有效提高政府管理和资源分配效率，尤其是通过互联网技术可以提高各类信息的传递速率，减少部门化、碎片化产生的弊端。

四、马斯洛需要层次论

根据马斯洛（Maslow）在1943年撰写的著作《人类激励理论》中所述，人性的需求被划归为五个层次。然后随着时间的推移和进一步的研究探究，他于再版《动机与人格》时将人性的需求扩展为七个层次，即生存需要、安全需要、社交需要、自尊需要、认知需要、审美需要、自我实现需要（图2-1）。

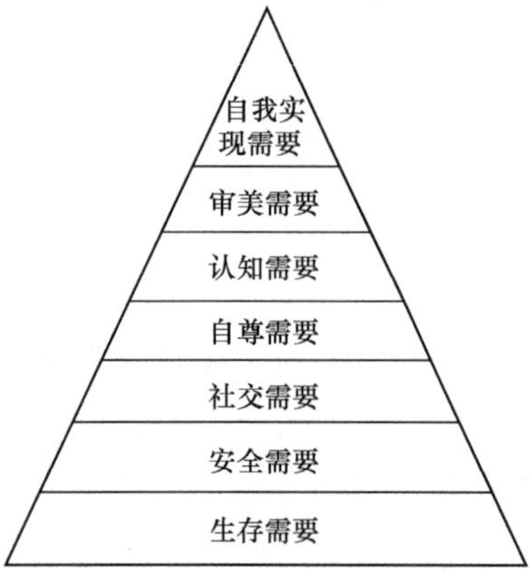

图 2-1　马斯洛需要层次论

随着年龄的增大，各种疾病缠身，老年人的身心都有不同程度的损耗，随之而来的是对身体健康、精神愉悦的追求。“421”（即夫妇2人照顾4个老人和1个孩子）的家庭结构也会导致子女无法随时陪护，老年人的生存需要都无法得到满足，机构养老无疑是一个很好的选择。普通的养老机构能够为老年人提供基本的生活照料，从而能够满足底层、基础的两个需要。高级一点的养老机构能够增加娱乐服务或者精神安抚，从而使老年人的社交、自尊等需要得到满足。

医养结合养老服务将医疗与养老资源深度结合，能够时时关注老年人身体状况，充分满足生存和安全两个方面的需要。医养结合机构养老以马斯洛需要层次论为依据，通过提供不同的服务来满足老年人的不同需要，从而实现持续发展。

五、老龄化经济学理论

老龄化经济学理论经济学家詹姆斯·舒尔茨（James Schultz）在其《老龄化经济学》一书中提及了老龄化经济学理论。舒尔茨探讨了在美国经济不断增长的背景下，老年人所面临的一系列无法回避的现实问题。通过对老年人的工作与退休、公共及私人养老金、社会保障金筹资与改革、雇主养老金等现实问题的阐述，舒尔茨认为人口老龄化与老年人的购买力、购买需求都有着密切关系，而这些都是医养结合养老模式发展的理论基础。

自20世纪80年代起，伴随着人口老龄化的日益严重，一些发达国家在第二次世界大战后构建的社会福利体系遭受了严峻考验，以致引发了部分国家的社会保障系统危机。然而，这一挑战与危机的关键并不在于资源匮乏，而是在于资源的世代传递及公平分配问题。所以，代际关系的处理越发重要且复杂。这不仅体现在伦理道德层面上的认可或否定老年人过去的付出、评估他们的社会经济地位、定义其社会经济角色等方面，还主要反映为经济利益与政治利益间的紧张与冲突（如如何合理分配资源并确保世代间无障碍流动、平衡各方权益与责任、保证不同年龄段人群之间的公平竞争等问题）。

推动老年行业成为老年人社会的新型经济驱动因素，重点构建“以居家养老为基础，社区服务为依托，以机构养老为补充”的养老服务体系，并重视以人为主导，全方位推进老年行业的设想。

六、资源最优配置理论

1950年阿瑟·庇古（Arthur Pigou）在《福利经济学》一书中首次提出资源最优配置理论。当所有生产因素供应者的报价保持稳定且处于完全市场竞争环境下时，如果产品价格与生产要素价格都与其各自的边际价值（marginal value）及边际成本（marginal cost）一致，那么这称为资源最优配置。在此情况下，公司的边际成本应等于其边际收入，而个人私有净产值也应等于社会的净产值。此外，各个产业的社会净产值应当是均等的。这种状况下的社会资源分配被认为是最理想的状态。在这个资源最优配置过程中，各类生产元素供应商能够根据自身需求自由地提供他们所拥有的资源；公司也可以依据自己的利润最大化目标制定相应的生产计划。同时，所有的社会资源都能得以有效运用，从而避免了任何行业的就业过剩或者产能不足的情况发生。

对信息资源的合理分配，其核心含义是最大化信息内容在时间和空间上的社会效益。因此，信息资源可以被定义为信息生产、传输及处理等活动的结果，也就是信息产品和服务。

七、中国的孝文化

中国的孝顺理念和社交模式主要关注亲子间的规范，但在社会层面上局限于对长辈的尊重。简而言之，在中国传统的社区里，孝顺经济学的意义仅仅在于家庭的内部财富传递和分配，而非社会的财富传承和分发。因为在古代中国并没有出现过资金转移机制，所以老年人所需要的生活物资都是由他们的孩子“回馈”给他们的。

中国养老服务体系的发展历程，实际上是从“家庭养老”到“社会养老”的转变过程。“孝”这一核心理念贯穿整个中国古老的老年关怀理念及体制，并以家庭照顾为其主导模式。这个体系可追溯至先秦时代，那时墨子、孟子和管子的观点已涵括家庭照顾的想法。同时他们的思考也展示出对于公共护理的一些基本理解，并且在中国历史上有过早期社区护理的尝试，例如医院来救助患者、提供服务人员、家庭照顾等。因此，虽然传统上是依赖家庭照顾，但也存在着社会的理想化设想和社会护理的初始阶段。到了晚清乃至近现代，受维新思潮和洋务运动改革影响，公众对社会护理有了更多的关注。比如，冯桂芬提倡模仿西方的社会保障系统，孙中山则提出了全面的三民主义，强调唯有实施社会保障措施，人类才可能实现真正的和谐共处。在此环境下，老年人作为社会职责的重要性逐步获得国家认可和社会接受。但在此时，社会护理的发展还停留在针对政府工作人员的退休养老金计划和现代化养老设施建设方面。我国上世纪中期，开始出现了针对劳动人民的养老保障制度，典型代表是农村地区的“五保”制度，针对鳏寡孤独及残疾军人保障其基本生活；改革开放以后，社会养老在各方面呈现出蓬勃发展的态势，各种养老机构、养老制度及基金保障层出不穷，虽然已经从家庭养老向社会养老进行转变，但仍存在发展水平较低等问题。除此之外，医养结合等新兴概念的提出，也在社会养老的发展上迈出了重要的一步。

八、互联网思维相关理论

新时代的一个显著特征就是互联网时代及其思维，尤其是互联网技术的广泛应用突破了很多信息盲区，实现了信息共享。互联网思维有四个核心观点（用户至上、体验为王、免费的商业模式、颠覆式创新）和九大思维（用户思维、简约思维、极致思维、迭代思维、流量思维、社会化思维、大数据思维、平台思维、跨界思维）。“互联网+”并非简单地把传统的产业与互联网相加，而是在利用现代的信息技术的支持下实现对各行各业之间的深入整合并创建全新的产业发展环境及其使用情境的一种新型经济形式。这种结合就是指在新一轮科技创新浪潮的影响之下来理解其所带来的变迁趋势的新兴现象，即所谓的“互联网+”。

“互联网+”象征着新型的社会形式，它通过充分利用网络对社会资产分配的高效整合能力来推动其与各个领域的深入结合并将其最新的技术应用到各种场景中去，从而提高整个社区的创造能力和产出效率，构建起基于互联网作为基础设施及执行手段的新兴商业模式的发展方式。“互联网+”有六大特征，即跨界融合、创新驱动、重塑结构、尊重人性、开放生态、万物互联。

“互联网+”背景下形成的信息共享的技术优势可以创新医养结合服务和管理模式。“互联网+”医养结合模式是指通过互联网平台、互联网应用、物联网设备，实现社区集中照料、居家上门服务和机构专业服务。运用先进的互联网和物联网技术与理念，将医疗和养老等资源有机整合，消除服务供给部门的壁垒，扩大医养结合服务的覆盖范围。此外，利用大数据分析对老年人的日常生活状况和身体指标以针对性、高效性、专业性的方式提供医养服务。智慧养老服务平台能够将医疗和养老资源统筹起来，推动大型医疗机构、康复护理机构、养老机构、社区卫生服务中心和家庭病床等之间实现有效互通转接，为老年人提供一体化的治疗期住院、康复期护理、稳定期生活照料，以及临终关怀的健康养老“云”服务。

九、需求溢出理论

需求溢出理论是中国人民大学刘太刚教授于2011年提出的一种扎根本土文化的基础理论。所谓需求过剩，指个体或者团体无法完全满足自身需要的情况，而这种未被满足的需要就是我们通常说的“需求过剩”。无论是个人还是团队都可能面临这样的问题，但从根本上看，这其实都是个体的需求超过了他们的承受力。

"养老动因"、"养老方式"和"养老方式间次序"这三个主要因素构成了构建养老体系的基础问题，它们分别是：传承家族理性的驱动力，即对祖先抚养下一代的行为给予奖励；资源分配效能影响着养老模式的发展顺序，其中私有化养老应优于公有制养老，因为它可以填补公有制的空缺。此外，由于存在过剩或缺乏的需求，加上资源分布和效益的影响，多种基本养老模式会交叉使用。

基于需求溢出理论，医养结合养老服务管理模式将医疗与养老结合，能够从产生服务需求的源头出发，分析老年人医疗和养老服务需求产生的内在联系，改变当前医养分离的现状，提高养老需求服务的质量，为推动我国养老服务产业发展、更好满足老年人的医养结合服务需求提供参考。

第二节　医养结合相关政策

21世纪以来，随着我国养老问题日益加重，养老压力逐渐增大，政府为积极应对老龄化问题发布了一系列提高我国养老服务质量和促进医养结合事业发展的相关政策文件。

一、医疗与养老服务初步形成时期的相关政策

2011年，国务院办公厅发布的《社会养老服务体系建设规划（2011—2015年）》（国办发〔2011〕60号）提出要提高社会养老服务装备水平，加强养老服务信息化建设，由政府主导、多方参与，统筹规划、因地制宜，推动社会养老服务体系的建设。该通知还明确了未来五年内我国的社会养老保险发展目标与任务：提升老年人生活质量及健康状况；完善并优化现有养老金政策以满足日益增长的需求等内容。

2013年，《国务院关于加快发展养老服务业的若干意见》（国发〔2013〕35号）提出了健全养老服务体系，满足多样化养老服务需求，加快发展养老服务业的目标和方向。

二、医疗与养老服务逐步完善时期的相关政策

2015年，国务院发布《关于推进医疗卫生与养老服务相结合的指导意见》（国办发〔2015〕84号）全面部署进一步推进医疗卫生与养老服务相结合，重点任务是：建立健全医疗卫生机构与养老机构合作机制；支持养老机构开展医疗服务；推动医疗卫生服务延伸至社区、家庭；鼓励社会力量兴办医养结合机构；鼓励医疗卫生机构与养老服务融合发展。

2016年，国家卫生计生委办公厅发布的《医养结合重点任务分工方案》（国卫办家庭发〔2016〕340号）对医养结合工作的36个重点任务进行了分工，明确了负责单位和委内负责司局。同年，国家卫生计生委办公厅与民政部办公厅发布的《关于确定第一批国家级医养结合试点单位的通知》（国卫办家庭函〔2016〕644号）及《关于确定第二批国家级医养结合试点单位的通知》（国卫办家庭函〔2016〕1004号）确定了一批国家级医养结合试点单位，规定了试点单位的工作目标及重点任务。

2017年，国务院发布的《关于制定和实施老年人照顾服务项目的意见》（国办发〔2017〕52号）加大推动医养结合力度，倡导社会力量兴办医养结合机构，逐步建立完善医疗与养老机构的合作机制。

2019年，国家卫生健康委等部门联合发布《关于深入推进医养结合发展的若干意见》（国卫老龄发〔2019〕60号）提出医疗卫生与养老服务资源整合与服务衔接，推动医养结合机构“放管服”改革，加大政府支持力度，加强队伍建设，优化保障政策。

2020年，国家卫生健康委等部门发布的《关于开展医养结合机构服务质量提升行动的通知》（国卫办老龄函〔2020〕974号）提出组织开展医养结合机构服务质量提升行动，自2020年起开始实施，按照“全面自查—整改核查—总结提升”的程序开展工作，深入推进医养结合事业发展，持续提升医养结合服务质量。

2022年，国家卫生健康委等部门发布的《关于进一步推进医养结合发展的指导意见》（国卫老龄发〔2022〕25号）针对医养结合机构建设的一些难点、堵点问题，提出完善价格政策、加大保险支持、盘活土地资源、落实财税优惠等措施，进一步完善政策措施，促进医养结合发展。

在日益严峻的老龄化趋势背景下，国家陆续发布医养结合相关的政策及意见正逐渐发展完善，逐步破解了医养结合中的难点、堵点，为建立完善的医养结合制度体系、推动医养结合高质量发展提供了合理可靠的支持和指引。

本章阐述了医养结合相关的理论和政策，详细介绍了福利多元理论、整体治理理论、资源最优配置理论、互联网思维等相关理论，通过这些理论可以进一步了解医养结合的服务内容、管理模式、资源配置、经济效益等，为开展医养结合服务管理模式提供支撑和基础。通过整理医养结合相关的政策，我们对医疗和养老服务的规划目标和具体任务有了更清晰的认识。这为我国医养结合服务稳定向高质量发展提供了优良的制度环境，并且为其打下了坚实的制度基础。

第三章　中国医养结合服务体系的建立与历史沿革

中国自古历朝历代都强调“家国一体”，而“忠”与“孝”便是“家国一体”的核心思想，二者之中，又以“孝”为首。中国有着五千年的灿烂文明史，而“孝”始终贯穿其中。“孝”上溯可至三皇五帝时期，历经数个朝代，传统孝道思想一直是治国理政和施行教化的核心，始终为历代圣主明君所强调，并为各朝各代的稳定和发展起重要作用。传统孝道思想在古代中国社会有着具体表现，如忠孝国家、事君如亲、事亲至孝和敬养父母等，而养老是其中重要的内容之一。养老在中国不仅仅只是一个行为表现，更是一种精神文化。

古代的养老文化历经数千年的发展，其礼制得到不断的完善，内涵得到了历代的充实，意义得到了历代的认可。传统的养老文化伴随着古代农业文明的开创和发展应运而生，于古代和近代中国而言，对经济的发展、社会的进步和国家的稳定有着显著的作用。

本章主要对我国不同历史时期的养老思想及养老制度进行梳理，从而对我国养老服务体系的建立与历史脉络有一个清晰的把握。

第一节　古代养老思想与制度的形成、发展及实践

一、古代养老思想核心

尊老的习俗从原始社会阶段就开始产生，但关于对年长者的关爱和孝的习俗古已有之，最后才逐渐发展出“孝”思想。养亲敬亲是中国传统孝道的基本内涵，传统“孝”文化的本质是善事父母，即在赡养老人方面，子女有义不容辞的责任与义务。“孝”兴于周代，它不仅是一种伦理道德，还是一种社会规范，是我国古代解决养老问题的道德和行为准则。

二、古代养老思想与制度的形成

早在原始社会时期，人们就推举德高望重的人作为部落首领，而各种劳动技能和生产生活的经验又正是通过在老幼之间的一代代口头相传得以延续下来。因此，年长者在部落中的地位也就极其重要。应该说，尊老的传统在原始社会时期就已经形成。这应该是中国尊老思想的早期萌芽。学术界一般认为，养老思想和制度的产生是在奴隶社会时期，经过夏、商、周三个朝代的发展，到春秋战国时期逐步形成了一套较为系统的养老思想和制度。

三、古代养老思想与制度的发展及实践

“养老”在我国古代的礼制中有着相当重要的地位，在长期的社会发展过程中，长幼

有序、事亲至孝、敬老崇文、尊贤尚德已成为中华民族传统文化的重要组成部分。根据历史文献记载，历史上不少朝代都曾经以国家的名义制定或颁布过一些有关养老的礼仪、礼遇和法规，由此形成了中国古代社会独有的养老制度。

如图3-1所示，中国历朝都设有专门的养老机构，例如唐朝以前曾建过“六疾馆”“孤独园”“悲田养病坊”等养老慈善机构，唐朝设立“悲田园”作为国家对贫苦无依老人的救济机构。直至宋朝，国家将老人救济机构进一步扩大，发展更为完善，并把收养老人的年龄放宽到五十岁以上，机构名称最初为“福田院”，后改为“居养院”。元朝初期，忽必烈采纳刘秉忠建议，逐步建立和完善收养救助制度，设立养济院，对失去生存能力的老人给予救助和收养。明清两代也延续了元代的“养济院”称呼，继续发展官办养老机构。清代已有养济院、育婴堂、普济堂、栖流所、粥厂、养老院、盲哑学堂等名目的官办和民办社会福利机构和设施。

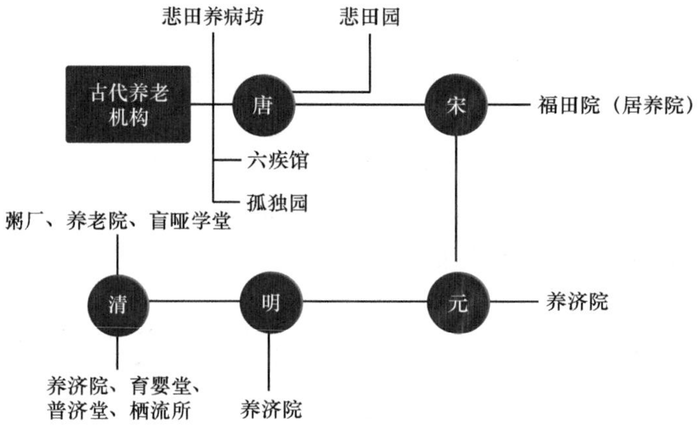

图 3-1　古代养老机构

总之，中国古代有着悠久的社会养老历史，在社会养老的思想和实践方面都有值得借鉴的经验，这些经验对于老龄化的中国缓解养老矛盾和完善养老保障体系有着一定的积极作用。

第二节　清末民初社会福利思想与社会养老的发端

清代已建立的多种名目的官办和民办社会福利机构和设施，在中华民国成立后基本上都保存了下来。与此同时慈善养老的思想逐渐形成。

传统中国社会的养老功能是由家庭及宗族社区完成的，但对于鳏寡孤独和贫病者，政府及民间宗族组织和乡绅也开设慈善事业予以救助。时至晚清，受维新思想和洋务运动的影响，源自明代的慈善事业和善堂文化得到进一步革新，社会养老开始进入人们的视野。而传统的慈善，不论是政府主办还是宗族组织兴办，实际上都是对家庭和宗族养老的补充，并不是一种制度性的设置，也没有体制上的义务，而是一种道德义务。鸦片战争之后，在西学东渐的影响下，西方先进社会福利和保障思想被引入本土，一些思想先进的中国人提出了慈善养老的概念。

一、社会福利思想的发端

1859年，洪仁玕向洪秀全提出了《资政新篇》。洪仁玕认为一个真正的近代化国家，除了建立起近代的工业、农业、交通、金融之外，还应该有完善的社会慈善事业，使老有所养，幼有所教，鳏寡孤独废疾者皆有所依。洪仁玕是中国慈善发展史上第一个提出具有近代意义的社会慈善思想的人。

冯桂芬曾主张效法荷兰、瑞典，推广和改革中国原有的宗族义庄和善堂，建立养老室、恤嫠室、育婴堂、读书室、养病室、严教室、化良局等慈善机构，以收“境无游民、无饥民、无妓女”之效。

康有为构想通过公养、公教、公恤等社会慈善公益机构，以期达到：人到老年还可以进入养老院、恤贫院，安享晚年，接受公恤。

孙中山在吸纳西方各种流派慈善观的基础上，从“养民济民”的民生论出发，提出了颇具新意“安老怀少”的慈善思想，使老者有所养，壮者有所营，幼者有所教。孙中山还从制度上对安老的慈善事业作了具体的设计：男子五六岁入小学堂，待二十岁以后，可以自食其力，五十以后，可由国家给予养老金。而孙中山提出系统的“三民主义”，在批判现实社会的基础上，指出中国传统宗族福利保障的狭隘性，认为只有建立“公养”、“公教”和“公恤”的福利保障制度，人类才能真正地走向大同。这实际上也就意味着两种根本转变：①将社会教养功能的主体由家庭和宗族向社会转移；②力图将这种道德义务向制度义务转变。这两种转变在民国时期的政策和立法中得到了一定的体现。

二、社会福利的实践

（一）社会福利实践的转型

清末民初社会福利实践的转型主要体现在三个方面：①民国社会救助立法在救助理念上已突破传统施舍恩赐思想，强调国家责任理念；②在官办和民间组织开始形成制度化的互动联合，如清末民初由官方发起、民间有识之士主持运营的“善堂”和“会馆”的大量兴办，以及一些借鉴和吸纳西方先进慈善理念和管理机制的民间慈善组织的涌现；③体现在科学的管理理念和社会救助与服务技术的引入，如慈善机构和组织管理制度的民主化和科学化，服务理念也由单纯的“救养”向“救”“养”“教”三位一体转化，同时在机构中也开始应用一些来自西方的专业技术手段，包括医疗卫生服务和社会工作。

（二）国民政府社会福利事业

国民政府社会福利事业体现在以下几个方面。

一是在中央和地方政府中设立了专门负责社会福利工作的机构。先是在中央设立内政部民政司，在省级设立民政厅。然后在中央增设社会部，社会部下专门设立了社会福利司，这是我国政治制度史上第一次使用“社会福利”这一概念作政府机构的名称，在省级则设社会局负责社会福利工作。

二是政府拨出专项资金用于社会福利事业。在中央、省、县的财政支出中，均规定有“保育及救济支出”一项，用于育幼、养老、救灾、恤贫、赡给残废及其他救济事业或补助。

三是制定、颁布了一系列法规。鉴于此前各社会福利机构大多各行其是，没有统一的准则，国民政府制定、颁布了一系列法规，将社会福利事业置于政府的统一领导和监督下，使社会福利事业走上了有序进行的道路。如1928年5月，国民政府内政部颁布的《各地方救济院规则》，规定了救济院的基本原则，根据本地实际情况，或分别缓急设立，或合并办理。《各地方救济院规则》将“教养并重”的积极救济方式推及各种救济机构，如养老所规定收养对象为年龄60岁以上无力自养、无人赡养的男女；入院所的老者视其身体状况适当从事一些室内外劳动，并教以有益身心的课程，以调剂生活。同时养老所还配置方便老年人生活起居的设施、场所，保持起居场所的清洁，避免感染。民国25～26年四川省官办救济院所情况见表3-1。

表3-1　民国25～26年四川省官办救济院所统计表

地区设施	救济院	安老所	育幼所	育婴所	游民习艺所	妇女教养所	残疾所
温江专区	12	10	3	4	2	2	3
资中专区	8	7	6	3	2		5
永川专区	10	8	3	5			4
眉山专区	8	5	3	3			1
乐山专区	3	2	2	2	1	1	1
泸县专区	8	6	3	5			2
宜宾专区	7	5		2			
酉阳专区	8	4	2	1			2
万县专区	6	5	4	2			2

资料来源：四川省地方志编纂委员会编纂，1996. 四川省志 民政志. 成都：四川人民出版社

三、民国中后期社会福利思想与社会养老制度的建设

从历史进程来看，清末乃至民国时期，受西方思潮及文化的影响，中国自古以来的家庭养老主导的观念已经开始受到冲击，社会养老的概念已经逐步进入历史舞台，并被当时的人们所接受，从而有了一定程度的发展。民国时期是我国社会福利与社会保障事业向近现代转型的关键时期，无论是在理念基础、制度设置还是在社会实践方面都已经具备了现代社会福利制度的基本特征。这些变化主要体现在养老层面，在延续千年的传统的家庭和宗族养老方式基础上，社会养老方面也吸纳、借鉴了很多来自西方的当时较为先进的社会福利思想和制度设置，特别是民国后期已经初步完成了养老制度及机制上的近现代转型。

（一）民国中后期养老服务呈现新的特点

民国中后期，国民政府对老年人救济的范围进一步扩大，附属于救济院的养老所、孤老院、习艺所等救济机构很多，且地域覆盖面较大，辐射面广。救济活动由政府直接干预并承担责任。救济内容也有所扩大，既有物资方面的保障，也有保障精神生活方面的内容。救济理论也不再是乐善好施的教义或儒学思想，而是日益丰富的社会救助理论。

养老机构尤其是官办养老机构，其开展的养老服务都也开始有了一些新的特点。如1929年“吴县”（江苏）的第一养老院，其章程中规定的主要功能为“生活之改善”“行

为之纠察”，以及“洗浴”和“伙食”，但没有提及医疗卫生保健。但到了1936年，江苏省社会救济院养老所的组织章程中，不仅有上述功能服务，还增加了“室内操作”（简单手工）和“室外操作”（饲养家畜、栽种花卉等），养老机构已经带有了园艺养老的特点，同时还增加了心理保健和健康娱乐的部分。更为典型的代表是南京伤残重建院，在其1948年发布的《社会部南京伤残重建院组织规程》中明确规定：（在职人员）必须“掌理个案调查、就业指导、职业介绍及随访及心理测验、精神病社会工作等事项”。这就在机构工作的专业方向上更进了一步。

（二）民国时期养老社会保险的实践

民国时期，中国的社会保险处于由传统社会救济模式向现代化社会保险模式转型阶段。养老保险在实践中开始萌芽。1947年，国民政府国务会议通过《社会保险法原则》，对伤害、失业、老年遗族保险作了明确规定。其中《老年遗族保险法》和《失业保险法》还形成了单行法规。

1. 民国时期养老金和退休制度　民国时期，在社会养老的观念逐渐转变的同时，国内知识界也开始将西方的养老年金、退休制度，以及社会保障和社会保险相关的经验引入到本土。民国时期在业人员的养老年金制在多个领域都得到了应用。

2. 教育界教职人员　国民政府颁布《学校教职员养老金及恤金条例》规定：“凡连续服务十五年以上之教职员年逾六十自请退职或由学校请其退养者得领养老金等语。”1940年，国民政府修正公布了《学校教职员养老金及恤金条例》，具体细分了养老金给付人群。1948年，国民政府颁布了《学校教职员退休条例》则具体明确了年龄、贡献和养老金发放的具体核算和管理，退休制度相对完善（表3-2、表3-3）。

表3-2　《学校教职员养老金及恤金条例》养老金给付人群

	退职教职工本人	
受益条件	教职员必须连续服务十五年以上且符合下列情形之一者方可请领养老金	
	一是	年逾六十岁自愿申请退职者或由学校请其退职者
	二是	未满六十岁因身体衰弱不胜任务者，这种情况必须经医生证明属实方能有效
	三是	虽然服务未满十五年，但因公受伤以致残废不胜工作，也可申请领养老金
	四是	连续服务十五年以上，因公受伤以致残废不胜任务者

表3-3　《学校教职员养老金及恤金条例》专任教员养老金给予之标准

最后月俸＼在职年数	二十年未满	二十年以上二十五年未满	二十五年
200元以上	900	1050	1200
150元以上200元未满	735	840	945
120元以上150元未满	648	769	810
100元以上120元未满	594	660	626
80元以上100元未满	540	594	648
60元以上80元未满	462	504	546
45元以上60元未满	381	413	445
30元以上45元未满	296	319	342

续表

最后月俸＼在职年数	二十年未满	二十年以上二十五年未满	二十五年
20元以上30元未满	210	225	240
20元未满	180	192	204

民国时期对学校教职员颁布的一系列保证其待遇和福利的规定、法令，在一定程度上是对教职员群体社会保障的立法，这是社会保障从无到有的转变，使得教职员群体的养老保障有法可依，民国教职员养老金与社会保障立法化是社会转型的一个标志性事件。

3. 公共事业从业人员　1929年《交通公报》刊登的《邮政养老抚恤金管理章程》中提到了关于邮政公职人员的养老金问题，但并没有和抚恤金分开。养老抚恤金的来源主要是两部分，一部分是“原有保证防后金和资助金余款及其利息”和“特别金”，实际上是政府拨付的款项；另一部分来自邮政收入项，提出“等于全体员工薪水百分之七”，其发放也是根据贡献和工龄（表3-4）。

表 3-4　邮政公职人员的养老金来源

类别	金额		
退休或退职时之月薪额	超过500元者	超过270元至500元者	270元以下者
按每服务一年支给养老金金额	一个月月薪的90%	一个月月薪的95%	一个月月薪的金额

4. 公务员退休养老制度　从已有可查询的记录来看，公务员的退休养老制度建设应该在学校教职员养老金制度和邮政系统退休养老制度建设之后。

1933年国民政府公布的《公务员退休法》中对退休年龄、退休金的领取方式及养老金的筹措做了规定。在退休年龄上规定，凡任职15年以上，年龄在60岁或任职25年以上成绩显著者则申请退休；凡年龄在60岁或心神丧失，身体残废而不能胜任职务的人员则命令退休。在退休金领取方式上规定，退休金依据年资及服务状况分为申请退休及命令退休两种；合于一定条件而退休者，分别给予年退休金或一次退休金。在养老金的筹措上规定，就方式而论有一次筹足及逐年储存两种；就负担而论有个人负担、政府负担或政府与公务员共同负担三种。

1934年《行政效率》第七期刊登了晏尼克的一篇题为《公务员退休养老办法——团体保险》一文，建议政府对公务员的退休和养老金发放制度采取“团体保险”的方法，倡导以商业化运作的方式来实现公务员的退休养老制度。

1934年《公务员恤金条例》规定凡因公致残或死亡，以及在职时间很长而“勋劳卓著”退休的公务员都给予抚恤；恤金分为公务员年恤（约为退职的1/5）、公务员一次性恤金（约为退职时两个月的俸额）、遗族年恤金（约为公务员在职时1/10）、遗族一次性恤金（约为在职时两个月至五个月的俸额）；公务员恤金由请恤人呈各机构转铨叙部，经审查合格，再报考试院转国民政府核准后，填发恤金证书，给原转机关颁给受领人。

1947～1948年，当时的南京国民政府连续颁布了《公务员退休法》、《公务员退休法实施细则》和《公条务员退休法第八条修正条文》，最终确定了公务员退休的统一管理和养老抚恤金的核发事项。

由此可见，国民政府在建立和推行公务员退休制度方面进行了有意义的探索和尝试，制定、颁布和实施了一些有关公务员退休、抚恤等保障措施的法律法规和政策措施，在一定程度上保障了公务员的权利。

5. 军人退役安置与优抚　1940年9月27日公布的《陆军抚恤暂行条例》规定，享受抚恤的遗族依次为父母、妻及子女、祖父母及孙。国民政府在抚恤对象中把军人的父母作为第一抚恤对象，体现出抚恤理念中有社会养老保障的思想（表3-5）。

表3-5　陆军官佐退役俸及赡养金给予定额表

区分官阶		上将	中将	少将	上校	中校	少校	上尉	中尉	少尉	准尉
退役俸	甲等	200	150	100	75	60	45	30	25	15	15
	乙等	100	75	50	40	30	25	20	15	10	10
赡养金		100	75	50	40	30	25	20	15	10	10
附记		表内所有列定额系月支数目									

资料来源：四川省政府秘书处公报室，《四川省政府公报》，四川师范大学图书馆藏

6. 企业工人的退休和养老制度　从目前可查的文献看，当时企业工人处于初期半封建半殖民地和后期的民族资本主义压迫中，最基本的工资待遇都很难得到保障，关于退休和养老金方面的社会福利直到民国后期才逐渐受到关注。

总体来说，民国时期的社会保障立法取得了一些成就，建立了近代意义上的社会保障立法体系，引进了先进国家责任理念，使家庭和国家功能实现了分离，把国家视为对人民的集合，对人民的生、老、病、死进行保障。民国时期的养老制度打破了血缘、地缘等传统社会的限制，打破了封建社会几千年来宗族关系下家族式的社会保障养老模式，逐渐形成了以国家为主导、民间慈善机构为辅助的养老社会保障组织形式。

但由于民国时期特殊的历史背景及发展环境的影响，其在养老制度和机制上的改革既是不全面的，又是不连续的，即使有完善的制度，但在实践中并未得到很好的贯彻执行，这都是和当时的社会历史条件及资产阶级革命局限性密切相关的。所以民国时期的养老制度也存在一些问题：民国时期的养老体系层次少，养老保险资金统筹层次过低，一般都集中在县一级财政，资金来源单调，养老保险金不能跨地区、跨省份自由流转，使得劳动力市场处于僵化状态，大部分企业和劳动者不愿意交纳养老保险，认为是一项沉重的负担，最关键的一点是社会保障资金缺乏有效的监督和使用。

第三节　新中国成立后养老制度的沿革与发展

一、新中国成立后城镇居民养老保障制度的历史沿革

新中国成立以后，党和政府着手建立社会保障制度，构建居民生活和社会发展的安全网。作为社会保障制度的重要组成部分，城市居民养老保障也历经多次变迁和发展。自新中国成立以来，我国城镇居民养老保障制度的发展历程大体上可以划分为三个阶段：①改革开放前——国家-单位保障制度；②改革开放至20世纪末——国家-社会保障制度；③新世纪——初步形成的多层次养老保障制度。

（一）改革开放前——国家-单位保障制度

改革开放前，我国实行国家统揽统包、高度集中的计划经济体制，强调国家、单位、个人利益的高度统一。在这种情况下，城镇居民养老保障制度也呈现出国家负责、单位包办、板块分割、封闭运行、全面保障的特点。一方面，国家是养老保障制度的确立者和保证者，通过制定法律和相关政策来确立养老保障的相关制度并保证其有效运行。另一方面，国家通过财政拨款和职工所在单位共同参与和包揽了养老保障的具体实施和供给，而分布于各种机关、企事业单位的职工不需要为退休金进行强制储蓄，无偿享受着国家和单位提供的养老保障。

1950年，政务院财经委员会发布新中国成立后第一个退休养老方面的法规《关于退休人员处理办法的通知》，标志着国家开始承担起主导职工退休养老保障事务的职责。1951年，我国颁布了《中华人民共和国劳动保险条例》，全面确立了适用于中国城镇职工的劳动保险制度，其中职工的退休养老是其最重要的内容，比如规定了男女职工的退休年龄和工作年限，并且明确规定职工"退休后由劳动保险基金按照其在本企业工龄的长短每月支付给退休养老金"。这是我国关于城镇职工社会保障的首次立法，也标志着我国养老保障制度的正式开始。1955年国务院又颁发了《国家机关退休人员处理暂行办法》和《国家机关工作人员退职处理暂行办法》，要求企业、各级人民政府及相关事业单位建立相应的保障制度。至此，覆盖政府与企事业单位、采取现收现付的筹资模式、由国家和单位全面负责的城市养老保障制度基本建立。到1956年底，全国已有2300万人参与了劳动保险制度中的退休养老保险，占到了全国国营、公私合营、私营企业职工总数的94%。"文化大革命"时期，由于国家机关受到冲击，养老保障的责任重心发生转移，城镇职工的养老保障责任全部由所在单位负责，变成了单位保险，养老保障在很大程度上走上了自我封闭的单位化。

（二）改革开放至20世纪末——国家-社会保障制度

中国进入改革开放后，在城市，随着经济体制改革的进行，国家-单位保障制度的经济基础逐渐消亡，支撑其运行的行政体系和单位组织结构也逐渐被废除。在国家、单位和个人利益日益多元化的条件下，我国的养老保障制度开始向国家主导、责任共担、社会化、多层次化的国家-社会保障转变和发展。

1986年国务院颁布了《国营企业实行劳动合同制暂行规定》，明确要求国营企业统一实行劳动合同制，而合同制员工的退休养老实行社会统筹，退休养老基金由企业和劳动合同制工人共同缴纳，不足部分由国家适当予以补助。这一政策使传统的就业终身制以及工人与单位之间的依附关系被打破，个人不能再完全通过所在单位获得养老保障，个人责任开始回归，个人必须为自己的养老保障负责。1993年，《中共中央关于建立社会主义市场经济体制若干问题的决定》中进一步明确养老保险金应由个人与企业共同负担。这一时期，我国对传统养老保障制度的改革取向立足于去单位化和社会化，个人开始承担养老保障的直接责任，这是我国养老保障制度转型的第一步，也是关键的一步。

在推进养老保障制度改革的同时，我国政府也在尝试着进行制度上的创新。1995年，国务院发布《关于深化企业职工养老保险制度改革的通知》，确立了社会统筹与个人账户相结合的养老保险新模式，标志着职工基本养老保险制度开始实行统账结合的模式。在这种模式下，基本养老保险基金的筹集由国家、单位和个人共同负担，并分成两部分分别计入社会保险经办机构的统筹基金账户和归职工所有的个人账户，职工的退休待遇则包括社会统筹部分的养老金和个人账户上的积累额。此后，国务院又出台了多项政策，推动统账结合模式不断发展和完善。

国家-社会保障制度最大的特点是责任共担：国家仍然担负着社会养老保障最直接、最重要的责任，但是社会力量包括企业、民间组织、慈善团体，以及个人都要分担养老保障的责任，它重视社会各方的参与，同时又强调个人的自我保障。这一模式不仅减轻了国家负担，也降低了居民养老保障的风险性。

（三）新世纪——初步形成的多层次养老保障制度

二十世纪八九十年代的社会养老保障制度的变迁和改革，实现了我国社会养老保障制度从国家-单位保障制度向国家-社会保障制度的转变和发展，但是不可否认的是，这些改革和发展都是担当国有企业改革的配套措施和为市场经济发展服务的附属角色，并没有将社会养老保障作为一项独立的社会制度进行建设。从1986年开始，养老保障制度开始进入了制度重构和创新时期。

截至当前，我国的基本养老保险制度形成了社会统筹与个人账户相结合的多层次养老保障模式（简称“统账结合”模式），这是一种部分现收现付和部分完全积累的组合模式，包括基本养老保险、企业补充养老保险和个人储蓄性养老保险三个层次，三个层次的设计有利于提高退休职工的生活保障水平，弥补基本养老金替代率不足的问题。

进入新世纪，随着我国经济的发展，养老保障制度改革的不断深化，我国城镇居民的养老保障制度也不断完善：城市职工养老保险的覆盖面开始不断扩大，据人力资源和社会保障部发布的资料，截至2020年末参加城镇职工基本养老保险人数达45 638万人，比2019年末增加2150万人。其中全国有10.52万户企业建立了企业年金，参加职工人数为2717万人。同时，社会养老保障的待遇和养老金替代率都在逐年提高，从2005年开始，国家连续提高企业退休职工养老金待遇，平均年增长率达到10%以上，截至2020年，全国企业参保退休人员月人均基本养老金已从2005年的714元增加到2020年底的2940元（图3-2）。

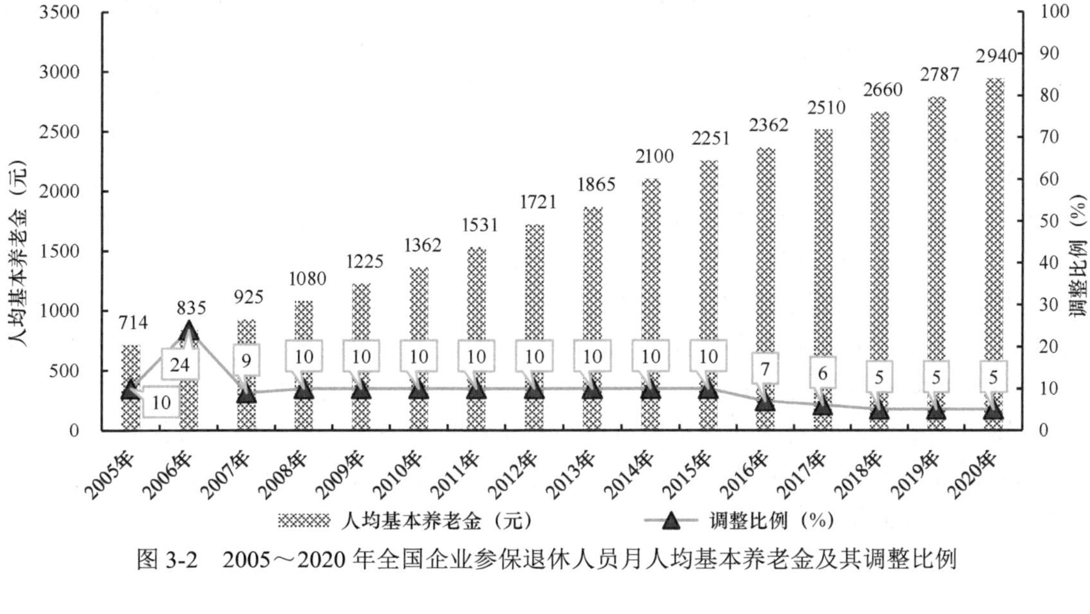

图3-2　2005～2020年全国企业参保退休人员月人均基本养老金及其调整比例

养老方式会随着社会的发展而发展，其变迁深受一个国家或地区经济制度的影响，是一个社会变迁的缩影。西方国家的养老方式随着资本主义制度确立和生产的社会化，完成了从家庭养老到社会养老的转变，并持续至今。经济变革和社会发展促使中国的养老模式在不断发生变化，但是我们应该认识到，尽管我国在改革开放以后，经济水平得到迅速的发展与提升，但是社会养老的发展仍然是养老发展中一个亟须解决的关键问题，特别是当前中国社会老龄化现象日益严重，养老方式仍以家庭养老为支柱的社会背景下，如何在传统养老模式中独辟蹊径，是值得每一个人思考的问题。

二、新中国成立后农村地区养老保障制度的变迁与沿革

（一）新中国成立后农村地区养老保障制度

新中国成立之后，随着国民经济的恢复和土地改革运动的发展，以个体经济为基础、以农民家庭保障为主体、辅之以社会救济和优抚安置，以及农民之间互助的传统型农村社会保障制度逐步建立了起来。这一时期，由于我国生产力水平较低、国力有限，农村社会保障处于低水准状态，在制度建设方面也存在着一些缺憾。但总的来说，这一时期的农村社会保障制度是比较适合当时的国情和生产力发展水平的，而且覆盖范围广，受益面大，又有国家的积极参与，既注重效率，又兼顾公平。因此，在国民经济与社会保障制度之间形成了一种良性的互动关系。

在这一时期，政府颁布了有关农村社会保障的法律，建立了管理农村社会保障事业的机构。1949年通过的《中国人民政治协商会议共同纲领》和1954年颁布的《中华人民共和国宪法》都规定劳动者在年老、疾病或丧失劳动能力的时候，有获得物质帮助的权利，国家举办社会保险、社会救济和群众卫生事业，并且逐步扩大这些设施，以保证劳动者享受这种权利，国家保障伤残军人的生活，抚恤烈士家属，优待军人家属。

1949年11月，内务部（民政部的前身）正式成立，作为我国社会保障的主要管理机构之一，其工作包括农村救灾、社会救济和优抚安置等。从此，中国农村社会保障事业的发展有了宪法的保证和统一的管理机构，有了人民政府的积极参与，农村社会保障在体系架构和制度安排上出现了新的特点。人民政府还积极参与到了许多大规模的救济活动，采取了一系列关于农村社会保障的措施，如发放救济粮款、开展节约运动、采取工业赈灾等，对安定人民生活和社会秩序起到了积极的作用。同时，政府还在农村中开展了对军烈家属和复员退伍军人的优抚工作。

1950年12月，《革命烈士家属革命军人家属优待暂行条例》《革命残废军人优待抚恤暂行条例》《革命军人牺牲、病故褒扬抚恤暂行条例》等公布。上述条例的公布和《中国人民政治协商会议共同纲领》的规定，奠定了农村社会优抚的法律基础。

此外，农业生产互助组和初级农业合作社的发展，使得农民抵御风险的能力大大提高，农民生活安全的保障能力得到提升，农村中的贫困对象逐渐减少。然而，由于农村生产互助组和初级农业合作社一般是在自愿、平等互利、进退自由的环境中建立的，具有排斥困难户的倾向，而且规模小，所以在解决农村劳力少、劳力弱，甚至基本没有劳力的鳏寡孤独和不善经营者的生活困难，保障他们的生活安全等方面问题时，农业生产互助组和初级农业合作社有些力不从心。

1956～1978年，中国农村社会保障制度的显著特点：确立了与计划经济相适应的、服从工业化积累资金需要的，以集体经济为基础、以集体保障为主体的复合型社会保障制度框架。针对少数没有劳动能力，且无依无靠的老人、残疾人和孤儿，农村集体实行了“五保”制度，即保吃、保穿、保医、保住、保葬（儿童保教）。

（二）改革开放后农村地区的养老保障制度

1980年之前，农村养老模式属于传统型，以家庭养老为主，集体保障为辅。这种养老模式与当时中国农村经济的发展水平和社会结构状况是相适应的。随着农村经济体制的改革，集体经济力量大大削弱，农民养老的部分物质负担又回归到家庭，各类矛盾最终催生了农村社会养老保险制度的萌发。

1987年3月，民政部下发了《关于探索建立农村基层社会保障制度的报告》。据不完全统计，到1989年，全国已有19个省、自治区和直辖市的190个县市、区进行了农村养老保险方面的探索，多个乡镇建立了乡本位或村本位的养老保障制度，并积累了一定的资金。

1991年1月，国务院授权民政部在有条件的地区开展建立农村社会养老保险制度的试点（表3-6）。1992年1月颁布了《县级农村养老保险基本方案试行》。《县级农村养老保险基本方案试行》的颁布，使我国农村社会养老保险制度的建立有了政策法规上的依据，它从指导思想到实际操作等方面给予基层指导。《县级农村养老保险基本方案试行》的颁发及推行，使我国农村养老保险制度从无到有，初步形成了具有中国特色的社会养老保险制度。

表3-6　农村社会保障发展情况表

年份	建立农村社会保障的乡镇数	社会保障的基金会（个）	社会保障基金会的资金额（亿元）
1991	13 322	18 633	16.7
1994	14 854	195 276	28.1
1998	18 745	151 081	51.3

资料来源：《中国统计年鉴（1999年）》与《中国统计年鉴（2000年）》

第四节　现代医养结合服务模式的发展

一、医养结合概念的提出与服务模式的内涵

（一）医养结合概念的提出

国内医养结合的研究起源于健康老龄化的概念。为应对人口老龄化的发展趋势和问题，世界卫生组织于1990年首次提出了“健康老龄化”的概念。

2013年《国务院关于加快发展养老服务业的若干意见》中首次明确提出“医养融合发展”的概念，提出各地要促进医疗卫生资源进入养老机构、社区和居民家庭；卫生管理部门要支持有条件的养老机构设置医疗机构；医疗机构要积极支持和发展养老服务；要探索医疗机构与养老机构合作新模式。2013年开始，国内关于医养结合的研究才开始有了具体的实践和理论的升华。

（二）医养结合服务模式的内涵

国内关于医养结合服务模式的内涵研究主要集中在两方面：一是“医”和“养”以谁为主；二是医养结合服务的参与主体方面的研究。

关于“医”和“养”以谁为主的讨论方面，袁晓航认为医养结合应该以医为主，在医疗机构中增加融入养老服务的功能。而大部分学者认为医养结合应该以养为主，如沈连法认为养老服务的医养结合模式应以养为主，将医疗资源融进养老服务中，扩展养老服务的功能。吴玉韶认为医养结合的内涵包括健康管理、护理照顾、临终关怀及生活护理等，与医疗有着明确的差别，“医”主要在于病情的诊治，“养”则在于生命周期呵护。王玉芬认为医养结合的本质是发挥医疗服务和养老服务的协同效应，既满足老年人日常照护需求，又满足生病时诊疗救治的需求。

关于医养结合服务的参与主体方面的研究，赵艺等学者认为养老院的养老服务和医院的医疗服务结合起来就是医养结合式的养老服务。而大部分的学者的观点是，医养结合的养老服务应该在多方组织中进行，如有观点认为，医养结合的养老服务还应该有第三方组织的参与与协助，包括家庭、社区及其他社会的第三方服务组织，这也是医养结合研究的重点内容；医养结合已经不是指大规模新建“医养结合”机构，而是着眼于现有医疗卫生资源和养老资源的统筹配置、优化重组，强调医疗卫生和养老相关政府职能部门之间的服务联动关系。

但从医养结合政策制定和推动及医养结合的养老服务兴起的背景来看，医养结合的目的是服务于养老服务，是应对老龄化社会的到来产生的应对方式，是满足老年人多元需求的一种服务方式，该方式的最终目标是强化和应对养老服务更好的发展（图3-3）。因此在对医养结合的认识之中，我们应把“养”作为核心认识，不管是医疗机构养老，还是养老机构中的医疗功能，最终都是在于养老服务之中的，应该始终把“养老”置于核心的位置。

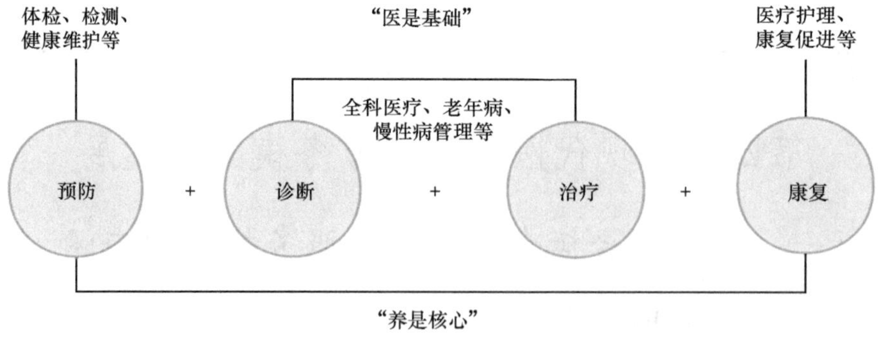

图 3-3　医疗和养老的密切关系

综上所述，医养结合服务模式的内涵主要包括以下几点：首先，医养结合是一种养老理念的更新和养老思维的转变。其次，医养结合的服务对象应该覆盖所有老年人群，对于健康状况不同的老年人所需要的医养结合养老服务应该有所区分，并实现所有老年人在应有养老阶段下的养老目标。最后，医养结合的实现形式应该是多元化的，引导医疗服务与养老服务结合起来的养老服务供给方式的实践形式，其本质都可以被认为是医养结合的范畴。

二、医养结合服务模式

（一）国外医养结合服务模式

国外的医养结合服务模式也主要分为居家养老、机构养老和社区养老三种形式。之所以采取这三种方式，其主要原因与西方国家的家庭观念和个人价值观有密切关联。其中，开始实施医养结合服务模式时，政府以机构养老为主，家庭养老为辅，尤其是在美国、瑞士、德国、英国、新加坡等最为明显。但是随着老年人口数量的增加，机构养老的财政压力逐年增加，养老和医疗服务资源的补充和调整跟不上节奏，加上老年人对在家中养老的需求远远大于到专业机构养老的需求，为此很多国家建立了以居家为主的服务供给模式（表3-7）。

表 3-7 国外医养结合服务模式比较

项目 \ 国家	美国	英国	日本	德国
服务模式	以“老年人全包服务项目”为主流的社区养老模式	以“社区式照顾”为主的整合照护养老模式	以长期照护制度为依托的居家介护和设施介护	以“居家照护”和“机构照护”为主的养老模式
政策/法律	“综合性老年人照护计划”医疗救助（medicaid）制度、医疗照顾（medicare）制度和《美国老年人法》《老年人照护和救济授权法》《社会保障法》	《健康与社会照护法》《医疗卫生服务和公共健康法》《国家补助法》《国家医疗健康服务和社区照护法》等	《老人保健法》《生活保护法》《介护保险法》《老人福利法》等	《护理保险法》疾病保险制度等
服务原则	市场保障性	人人平等，国家保障	国民自立性	国民自立性
责任负担	责任共担	国家责任	责任共担	责任共担
付费与否	雇主和雇员共同缴纳保险费用	全民免费医疗	个人付费服务	个人付费服务

德国、澳大利亚开始了“居家为主、机构辅助”的养老模式。德国有居家护理、专家护理院、老年护理院，其中居家护理占到了62.6%，其服务内容主要包括居家上门护理，日间照料中心和短期托老所（主要针对白天家里无人照顾、不能独自吃饭的65岁及以上老年人群，一般只有一个护士，处理专业护理问题，其他工作由其他人处理）。

美国最主要的养老模式是PACE模式（即“老年人全包服务项目”）和HCBS模式（即“老年人居家养老”）。所谓PACE模式，是美国政府为大多数失能程度较为严重、患有重大疾病的老年人提供长期、全面医疗照顾的一个创新项目，在美国长期照料体系中是极现实且实用的。而HCBS模式，是一种让多数的较年轻的、失能程度较轻的老年人在身体功能恢复过程中在家中享受到便捷生活和医疗照护服务的长期照护制度。主要特点是将长期照护作为一项产业，同时注重医护人员的作用。

英国采取以“社区式照顾”为主的整合照护模式，旨在达到每个老年人都能得到照顾、高质量的护理、财政上可行的卫生保健系统三个目标。目前在英国，团队合作是整合照护模式的重要组成部分。整合照护是以过程为中心的一种方式，通过对社区医养资源进行合理化整合与分配。对老年人群生理与心理进行评估分析，从而有针对性地为老年群体提供从日常生活照顾到医疗护理、康复疗养的全方位、系统化的整合服务。

在提供服务方面，日本在养老机构内设置专门的老年病房，配备专业医生和全职护士，在经医生诊断同意后，老年人可以在病房内接受专门化、长期性治疗和照料，减轻家庭的经济压力和负担。日本还针对不同需求的人群增设了夜间应对型上门护理、痴呆症应对型日托护理、小规模多功能型居家护理等社区服务。

以上这几种模式都具有减轻政府财政压力、节省财政经费的优势。美国的PACE模式和英国的以“社区式照顾”为主的整合照护模式，非常重视社区在养老服务中的作用，对于我国医养结合服务模式的未来实践和发展具有指导作用。日本和德国多样化的服务内容、较为透明的监管投诉渠道、多元化的护理教育、完善的护理分级培训制度都为我国医养结合的发展和完善的制度建设指明了方向。

（二）国内医养结合服务模式

国内医养结合服务模式也主要分为机构养老、社区养老和居家养老三种形式，在每种形式中再根据医养结合的具体方式和程度分为具体不同的18种服务模式。

1. 机构养老模式 该模式主要是养老机构和医疗机构有不同程度的结合，区别在于“养”和“医”以谁为主，以及具体结合方式的不同，主要有以下三大类10种分型（图3-4）。

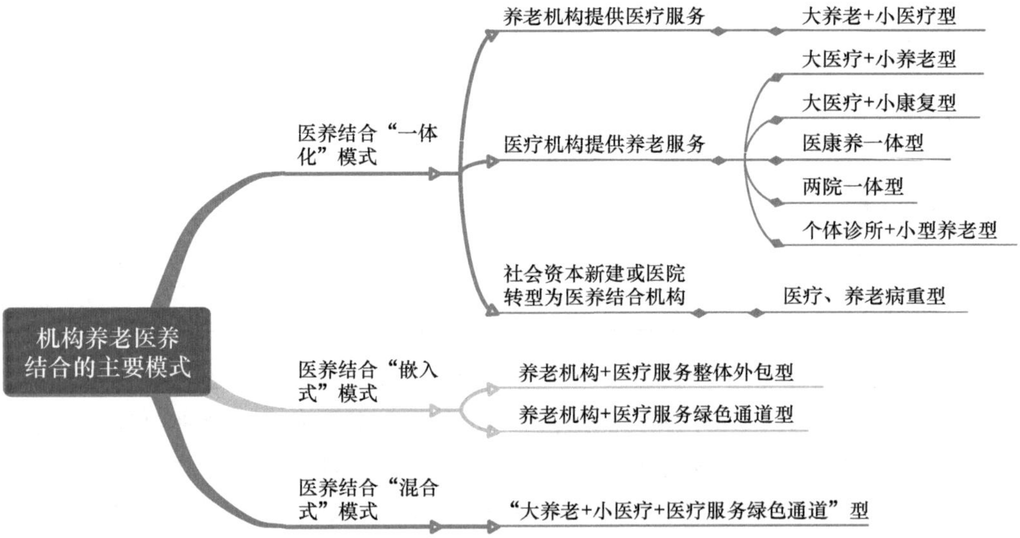

图 3-4 机构养老医养结合的主要模式

2. 医养结合“一体化”模式

（1）养老机构提供医疗服务：即大养老+小医疗型。该模式以养老为主、医疗为辅，通常是在原有养老机构的基础上新建医疗机构或内设医疗服务中心，通过充分利用自身养老护理设施与医疗资源，为老年人提供康复保健、长期护理，以及慢性病管理等基本服务。但因该模式中医疗多为门诊，医护服务水平较低，且不能解决住院问题，故只适合于非危急重病但又需要大量护理服务的失能、失智、半失能、高龄、慢性病、病后康复等老年人的养老。如北京市、武汉市、厦门市、成都市等在养老院内设置医疗服务中心，主要包括内科、外科、中医科、检验科等医护人员，能够采取及时的抢救措施，护理员24小时与老人同吃同住，保证老人的生活质量。但该模式也存在一些问题，如新建医疗机构成本较高，养老机构提供医疗服务的资质问题在部分省市还未得到有效解决，办理医疗准入的相关流程复杂，且部分涉及医疗抢救和诊疗服务未能纳入医疗保险，给老年人及其家属造成较大的经济压力。以上种种问题导致医疗服务提供无法持续，该模式无法长期坚持下去。虽然目前大部分养老机构采取这种模式开展医养结合服务，但该模式并不能从根本上解决养老机构中的医疗问题，不能实现实质上的医养结合。

（2）医疗机构提供养老服务

1）大医疗+小养老型：该模式多数是规模较大的医疗机构通过配备相关设施、增加护理人员等措施，在医疗机构内部又新建一个医院下属的专业小型养老机构。如蓬莱市中医院下属的涌泉康护中心，该中心为全山东省首家高端医养结合型养老中心。该模式虽然养老环境很好，但存在明显的缺点，如对现有医院医疗资源利用不充分，甚至浪费；养老费用高，经济条件一般的老年人难以承受，服务对象为经济条件较好的老年人。因此，该模式也不宜提倡，建议转为大医疗+小康复型模式。

2）大医疗+小康复型：该模式多数为规模较大的医疗机构新建一个小型康复机构，以医疗为主、康复为辅，多数是在原有的医疗机构内增设老年科或康复科、康复中心，以增加康复和养护功能，根据老年人需要提供医疗、康复、生活照顾等服务，构建医疗、照护、康复等相互衔接的服务体系。如山东某医院在原来医院的基础上建立了一个100张床位的康复中心，取得了很好的效益。安徽省合肥市第一人民医院设立了医疗、护理、保健、康复、临终关怀和养老“六位一体”的老年科，探索了“医养结合”和“全程托护”新型老年患者住院管理模式，其服务对象为一般护理院无法承担的患病空巢老年人。该模式虽然具有医疗服务能力强的优点，但因为占用优质医疗资源，需要在当地医疗资源较为丰富，且有部分闲置资源的情况下才能实施。

3）医康养一体型：该模式是在医院的基础上，新建护理院和养老院，实施医、康、养一体化运营。由于该模式充分利用了养老和基本医疗资源，机构的社会效益和经济效益都有较大改善，故对于乡镇一级卫生院而言是最佳的模式。如临朐景福养老护理院就是在临朐辛寨镇卫生院卧龙分院基础上建立起来的。

4）两院一体型：该模式主要在农村地区较为普及，是将地方政府建设的敬老院由当地的乡镇卫生院托管运营，乡镇卫生院与敬老院实现“一体化”，或者由乡镇卫生院直接新建养老机构以实现医养结合。乡镇卫生院在利用敬老院的养老资源照顾好“五保老人”外，还接纳一部分社会养老人员。如临沂市河东区九曲护理院就采用这种模式，取得了很好的效果，该护理院前身为地方政府建设的养老院，后被河东区九曲社区卫生服务中心托管运营后，原养老院资源和医院资源实现优化配置，取得了较好的社会效益和经济效益。该模式是对区域内既有养老资源和医疗资源的有效整合。

5）个体诊所+小型养老型：此模式一般由个体诊所举办，前面门厅为诊所，后面部分为家庭式小型养老院，诊所医生和护士为老年人提供医疗服务，另聘1～2名护理人员照顾老年人。该模式由于医疗和护理设施都相当简单，只能解决部分基本门诊需求，护理也不太规范，故不建议采取此模式。

（3）社会资本新建或医院转型为医养结合机构：即医疗、养老并重型。该模式多为民营资本新建医养结合机构或医院直接转型为养老机构，强调医疗和养老并重发展。新建的大型养老机构同步建设配套相应的医院，实现医疗、养老并重发展；一些资源闲置的医疗机构将富余资源转型为养老服务，以开设老年专护病房或者直接转型为护理院、康复中心等方式提供医养融合的养老服务。该模式基本实现非危急重症老年人在机构内的医疗、养老共享问题，并能解决住院医疗的问题。该模式特别适合企业投资新建的医养结合型的大型养老机构，如山东伟业集团投资建设的金明寓医院医康养服务中心、日照中盛集团旗下的中盛幸福苑。

3. 医养结合嵌入式模式 该模式以养老机构为主，通过与医疗机构签订协议嵌入医疗服务，主要有两种具体形式：

（1）养老机构+医疗服务整体外包型：该模式是指不具备设置医疗机构条件的养老机构，与就近的医疗机构签订合作协议，将养老机构所需的医疗服务整体外包给医疗机构，养老机构为医疗机构提供场所和必要条件，医疗机构在养老机构设置老年病科或分院等正常的医疗分支机构；医疗机构派医护人员到机构为其提供医疗健康整体外包服务。如庆云县辛店卫生院托管幸福苑养老服务中心的医疗服务，派5名医务人员在养老服务中心工作。该模式适用于100人以上，中上等规模的养老机构。

（2）养老机构+医疗服务绿色通道型：该模式是指养老机构与就近的医疗机构签订合作协议，医疗机构为养老机构患者就医提供“绿色通道”，优先提供住院、远程会诊、预约挂号等医疗服务。这是目前医养结合最多的一种模式，但从实际运行情况来看，此模式难以实现真正的医养结合一体化，基本是流于形式，医养之间很难开展长期实质性的合作。

4. 医养结合混合式模式 大养老+小医疗+医疗服务绿色通道型：该模式一般是规模较大的养老机构自身建立一个小医疗机构，如卫生室或诊所，同时又另外与邻近其他规模较大的医疗机构签订合作协议，由其为养老机构老年人就医提供“绿色通道”。对一般的医疗问题养老院可自行解决，对危急重症老年人就立即通过“绿色通道”转入合作的医疗机构诊治。如济南市济阳区阳光福缘老年公寓设立福缘门诊，开展大养老+小医疗+医疗服务绿色通道型医养结合工作。随时为入住老年人提供体检、康复治疗等服务，做到小病不出门，大病不排号，直接就医治疗，切实保证入住老年人的身体健康。

上述三大类10种分型机构养老医养结合模式中“嵌入式”中的养老机构+医疗服务绿色通道型是我国目前医养结合实践中采取最多的一种模式，但同时也是医养结合实践探索中流于形式，没有实质性发挥作用的一种模式。其他一些模式也都有各自的优缺点，即便是比较有效果的模式，但在实践中却数量不多。总体而言，在城市的医疗、养老并重型模式、农村的两院一体和医康养一体型是比较值得推广的机构养老模式。

5. 社区养老医养结合的主要模式

（1）社区卫生服务机构+老年人日间照料中心型：该模式主要是由社区卫生服务机构托管日间照料中心养老机构，社区卫生服务机构可免费使用老年人日间照料中心的房屋等设施，并承担起照料老年人的相应工作。老年人日间照料中心的设施可在养老、医疗、基本公共卫生服务等方面共享使用；社区卫生服务中心的医护人员又可为老年人提供专业的医疗护理服务。此模式既解决了大多数社区卫生服务机构业务用房紧张的问题，又解决了老年人日间照料中心资源闲置的问题；既给社区卫生服务机构带来了经济效益，又能推进养老服务产业化，实现双赢。该模式是社区养老层面实现医养结合的高效途径。

（2）社区医养设施共建共享型：该模式是将社区养老服务设施同基层医疗卫生服务

机构统一规划、统一建设，如城市中社区的日间照料中心与社区卫生服务中心同步建设，农村的幸福院与卫生室同步建设，通过医疗和养老的同步建设，一步到位地实现医养结合。如济南市章丘区就先后新建或现有农村闲置房屋等建成幸福院157处，其中和村卫生室融合运行的有40余家。

（3）专业养老运营机构+老年人日间照料中心型：该模式由大型专业化养老机构托管老年人日间照料中心，将日间照料中心的闲置资源利用起来。如济南市民政局牵头引进上海市专业养老机构托管运营社区的日间照料中心。但该模式能否真正实现医养结合，并长久运行下去取决于专业养老机构的医疗服务，以及政府补贴能否跟上。

（4）社区综合养老服务机构与社区卫生服务机构签订协议型：该模式往往是社区建立养老综合服务中心，为了开展医养结合而与社区卫生服务机构签订合作协议；而社区卫生服务机构为了完成基本公共卫生服务，也乐于签订此协议。但由于社区卫生服务机构执业医护人员较少，且工作任务重，难以为社区综合养老机构的老年人提供除基本公共卫生服务以外更广泛的医疗服务，故此种医养结合模式在实践探索中也大多是流于形式。

（5）村卫生室+农村幸福院型：该模式是由村卫生室托管运营农村幸福院，实现农村社区层面的医养融合，但目前典型案例较少。

上述5种模式是目前社区养老医养结合的主要模式，可以看出社区养老的医养结合主要还是在城市，并且应重点推广社区卫生服务机构+老年人日间照料中心型和社区医养设施共建共享型两种模式（图3-5）。

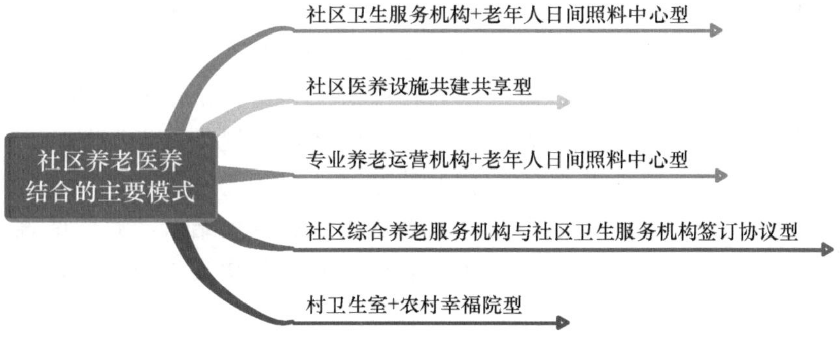

图3-5　社区养老医养结合的主要模式

6. 居家养老医养结合的主要模式

（1）互联网+可穿戴设备+实体性服务机构型：此模式需要为居家老年人配备穿戴式监测设备，对老年人的生活和身体状况进行远程监测，通过信息管理平台并利用互联网、物联网对老年人在日常生活、健康和出行情况的相关数据及时传递给实体性医养结合型的养老机构或实体性社区机构（如护理站、社区卫生服务机构）及老年人子女；实体性服务机构根据对老年人身体监测数据设计服务方案，同时根据老年人及其子女的需求，及时为居家老年人提供饮食起居、医疗护理、消费安保、休闲娱乐、报警呼救等相关服务。该模式理论上是很好的居家养老医养结合模式，但成功与否的关键是这个“实体性服务机构”是否有实力真正满足老年人的医疗、照护、康复等需求。正因对实体性服务机构要求较高，故实际中成功案例不多。

（2）居家养老+家庭医生签约服务型：该模式是通过开展家庭医生签约服务活动，让有需求的老年人与社区家庭医生签订服务协议，开展契约式服务。签约老年人可以获得家庭医生提供的医疗保健咨询服务、优质诊疗服务、精准预约转诊服务、保健指导、疾病干预、家庭病床、健康管理等服务，让老年人在家中就可享受到优质的医疗资源等基本医疗服务、基本公共卫生服务和个性化健康管理服务。但该模式主要解决的是老年人的医疗服务问题，社会化的生活服务并未解决，故并不能称之为真正意义上的医养结合，仍属于基本公共卫生服务范畴。

（3）居家养老+长护险中的“家护”服务型：该模式是失能老人平时在家中由家人提供生活照料，由长护险的定点医疗机构提供以康复为重点的“家护”服务，相关费用主要由医保资金提供。该模式目前主要针对享受长护险的城镇职工，虽然受欢迎，但社会成本高，资源配置效益不佳。

以上3种模式是目前居家养老医养结合的主要模式，国家应加大对居家养老的政策支持力度，重点推广互联网+可穿戴设备+实体性服务机构型新模式（图3-6）。

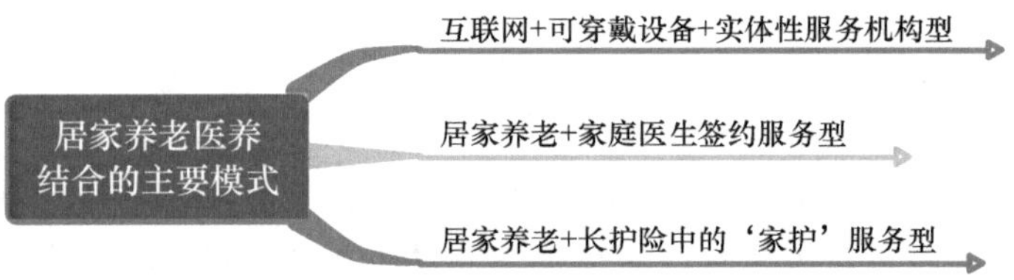

图3-6 居家养老医养结合的主要模式

无论国内外，面对严峻的老龄化形势，必须对当前的养老模式进行审视。首先要有了理论研究才能保障实现现实意义，所以开展“医养结合”养老服务发展模式研究，有利于我国完善社会养老保险体系，解决国内目前对医养结合认识不足的问题。我国传统养老模式下不仅造成了医疗资源浪费，更是无法向老年人提供长期照护，对老年人生活造成了无法保障的状态。而探索各种创新型的医养结合养老服务可以积极地解决传统模式下带来的问题，促进“医疗资源”与“养老资源”的有效结合，有就医需求时能及时就近选择医养结合机构进行治疗护理，满足老年人的多层次多方位需求，保障老年人晚年生活质量，实现健康老龄化。

养老机构与医疗机构合作案例

河南省郑州市以郑州市第九人民医院为牵头单位，郑州市31家养老机构加盟，定点医院的医生和护士定时定期去加盟养老机构免费随诊、义诊，并梳理跟踪治疗档案，按照患者的不同需求提供医疗服务。打破了医疗机构和养老机构“各自为政”的局面，实现了区域内医养协作、双向转诊，老年患者的医养需求能在这个“联盟体”内得到“一站式”满足。

第四章　我国医养服务需求现状与特点

第一节　我国人口老龄化现状与趋势

随着经济的发展，人口老龄化趋势不可避免。研究者指出，生育率的急剧降低及预期寿命的显著延长，形成了“双重老龄化”的人口年龄结构变动。改革开放四十多年以来，我国人民物质生活水平得到极大提高，同时医疗技术、卫生服务能力及医疗保障体系等也在持续优化，这显著延长了人们的预期寿命。我国基于控制人口的过快增长实施计划生育政策使得生育率快速降低。这种生育率快速下降和预期寿命延长的现象在我国较为典型，双重老龄化问题尤为突出。

随着2000年65岁及以上的人口数量占比超过7%，我国正式步入老龄化社会。2005年之后，老龄化人口增长加速，老龄化进程加快。第七次人口普查结果显示，我国总人口为141 178万人，与2010年第六次人口普查结果的133 972万人相比，增加了7206万人，增长5.38%，年平均增长率为0.53%，与2000年至2010年的年平均增长率0.57%相比，下降0.04个百分点。由此可见，尽管我国人口总数仍在增长，但增长速度不断下降。2020年我国0至14岁少儿人口数量达到了25 338万人，占17.95%，比2010年增加了3092万人，比重上升了1.35个百分点。60岁及以上人口为2.64亿人，占比达到18.70%，65岁及以上人口1.91亿人，占比为13.5%，与上个十年相比，上升幅度分别提高了2.51和2.72个百分点（图4-1）。因此，我国人口老龄化并非因为青少年数量减少导致老年人数量相对增加的底部老龄化，而是老年人口数量绝对增加的顶端老龄化。从国际老龄化的通用衡量标准来看，除了可以用65岁及以上人口占总人口比例超7%之外，也可以用60岁及以上人口占总人口比重是否超过10%来衡量。按2011年12月国务院办公厅印发的《社会养老服务体系建设规划（2011～2015年）》，2040年60岁及以上人口占比将超过28%左右；在这30年里，我国开始全面步入老龄化社会。到2050年，60岁及以上老人占比将超过30%，社会进入深度老龄化阶段。毫无疑问，人口老龄化会带来一系列社

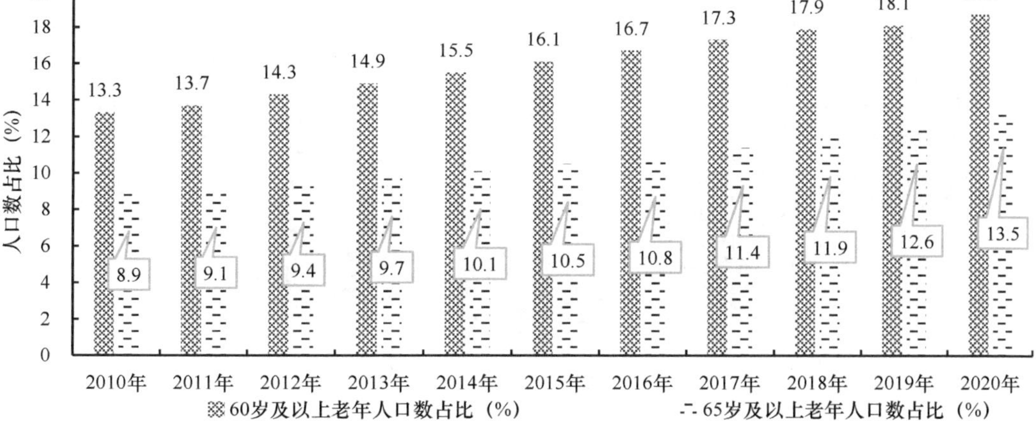

图4-1　2010～2020年我国60岁及以上、65岁及以上老年人口数占比（%）

会问题，其中一个重要问题便是养老负担的增加。

伴随着全球人口老龄化的趋势，人口结构也随之发生了转变：从早期的高速生育与过高的死亡率逐步转向了较低的生育率和更低的死亡率。这个过程被称为人口转型，它使得人类的平均寿命得以延长，从而增加老年人口的数量及占比。我国老龄化人口的增长带来养老负担加速增长，由于我国庞大的人口基数，加速的老龄化人口占比带来大量的老龄化人口数。

第二节　我国老年人的需求现状

按世界卫生组织的标准，老年人的需求主要包括消费需求、医疗卫生服务需求、照护需求、精神文化生活需求、优质居住环境等方面。尽管老年人口城镇化水平持续提高，老年人的经济状况也有了明显改善，但总体上还存在许多问题和不足。国内外学者普遍认为当前老年人的需求主要集中在健康需求和心理需求两个方面。

一、老年人的健康需求

现今老年人的健康服务需求逐渐多样化，他们不再仅仅满足于传统的医疗照顾，而是开始寻求更全面的服务，如保健、医疗照护、健康管理和心理健康等。这推动了诸如保健品、医疗机构、老年人健康护理机构、体检机构及老年人旅行等相关产业的兴起。此外，随着高龄老人、单身老人、空巢老人、居家的病残老人等特殊老年人群体数量的持续增加，针对不同类型服务需求的老年人的健康服务内容也将进一步细化。

我国健康服务产业链主要由五个核心部分组成（图4-2）。一是以医疗服务机构为主

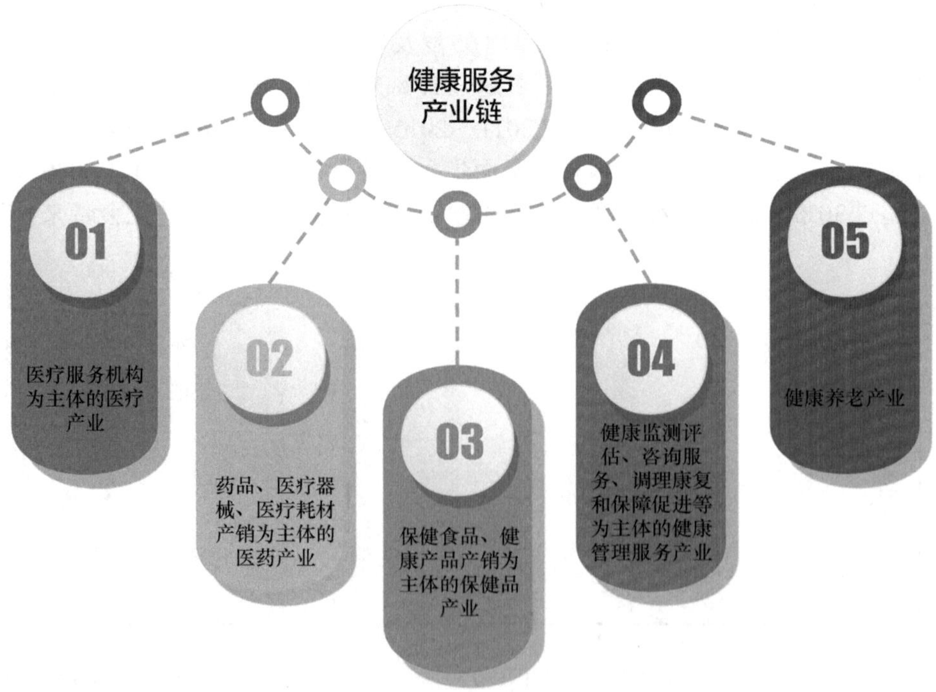

图 4-2　健康服务产业链

体的医疗产业；二是以药品、医疗器械、医疗耗材产销为主体的医药产业；三是以保健食品、健康产品产销为主体的保健品产业；四是以健康监测评估、咨询服务、调理康复和保障促进等为主体的健康管理服务产业；五是健康养老产业。

二、老年人的心理需求

老年人的心理需求主要有：自主的心理需求、交往的心理需求、恭敬的心理需求、求助的心理需求、依存的心理需求等。

总之，老年人的躯体和心理健康状况是衡量其是否需要他人照料护理及需要程度的基础，而自报的主观照料需求也是评价老年人是否需要得到照料服务的一个参照指标。对老年人照料需求的评估应当综合考虑客观和主观两大类指标的结果。同时需求的评估要考虑环境的影响，比如在自报的主观照料需求上需要考虑老年人的经济状况。

第三节　我国医养服务需求现状

一、老年人医疗服务需求显著增加

老年人口的快速增长带来养老负担加重，其中医疗服务方面负担较为突出。面对人口老龄化所带来的压力和挑战，老年人健康问题已经成为了我国目前亟待解决的问题。《中国卫生健康统计年鉴（2020）》统计数据显示，截至2018年底，65岁及以上老年人的两周患病率达到58.4‰，65岁及以上老年人的慢性病患病率达到623.3‰。如表4-1所示，65岁及以上人口两周患病率在2003～2018年增长较快，同时老年人口的患病特征发生了显著变化，慢性病取代传统流行病成为老年人口的主要病种。

表4-1　我国65岁及以上人口两周患病率和慢性病患病率（‰）

年份	两周患病率	慢性病患病率
2003	33.8	538.8
2008	46.6	645.4
2013	62.2	539.9
2018	58.4	623.3

慢性病即慢性非传染性疾病，不是特指某种疾病，而是对起病隐匿、病因复杂、病程较长、病情迁延不愈、无法明确传染源或生物病因的一类疾病的概括性总称。常见的慢性病主要有心脑血管疾病、癌症、糖尿病、慢性呼吸系统疾病，其中心脑血管疾病包含高血压、脑卒中和冠心病等。

由于慢性病具有病程较长和病情迁延不愈的特点，患者往往需要长期服用药物、规律接受治疗，这会增加患者的疾病经济负担。由此可见，老龄化社会带来的养老服务需求中，医疗服务需求尤为显著。

二、我国养老服务模式——基于历史沉淀和文化基础

作为中国的传统养老模式，家庭养老有着其深厚的历史沉淀与文化基础；作为一种

世代承袭的传统养老观念，对于身处传统与现代转型节点的老年人而言，家庭养老有着强大的形塑力。在《经济行动与社会结构：根植性问题》一文中指出，行为主体在具体、动态的社会关系制度中追求自身多重目标体系的实现；经济行为嵌入于个人关系网络之中，其个人关系网络又嵌入于更为广阔的社会关系网络由其所构成的社会结构之中，并受到来自社会结构的文化、价值因素的影响。可见传统的文化基础早已形成共享而又相互遵守的惯例。惯例是一种习惯性的和预期的自我实施机制，每个人在遵守的同时也希望别人遵守。在此文化基础上，中国传统的家庭养老观念仍有强大的路径依赖效应，即养老模式的选择先天受到历史文化基础的深刻影响。

既往的诸多研究都从资源交换的角度来探讨家庭养老问题，认为这是父母与孩子之间的一种资源流动过程，即资源由成年子女向老年父母转移，这正是费孝通提出的“反馈模式”的核心思想。因此，通常情况下，我们把家庭养老看作是亲子关系的一个重要组成部分，而亲子关系也被视作实施家庭养老的关键因素。根据这些理论，学者们强调了养老行为能否成功执行依赖于代际关系的特性。但是这种代际关系不仅仅是一种纯粹的资源流动过程，它还包含亲情和利他为核心的情感性。就像潘光旦曾经说过：“中国社会维系家庭养老模式运行的，不是西方社会的权利义务观念，而是情感的流露和亲情的联络。”代际关系既包含功利性又包含情感性，因此对于老年人群体来说，家庭养老不仅仅是获取资源反馈和生活照顾，更能让他们感到家族的绵延、满足精神需求。厚重的历史或许能解释很多学者在调查老年人或者亲属养老服务模式的选择时往往选择家庭养老服务模式。

三、家庭养老服务模式的困境

伴随着社会流动性加剧，基于历史文化基础的家庭养老服务模式受到前所未有的挑战，城市化进程导致子女独立性或者异地定居大大增加，空巢老人现象引起社会关注。《中国家庭发展报告（2015年）》显示，在50岁以上及有子女的调查对象中，其子女或子女配偶均不在本户居住的空巢家庭占40.3%。同时流动家庭已成为我国家庭模式的重要形态，户主居住地与户籍地不在同一乡/镇/街道的流动家庭，占比17.2%。在流动家庭中，2人户中夫妻共同流动占81.7%，3人户中夫妻携子女共同流动占84.7%。可见家庭流动性对传统家庭养老服务模式形成冲击。《中国家庭发展报告（2016年）》显示，我国的家庭规模正逐渐变小，家庭平均人数已低于3人。家庭的传统功能正在减弱，社会的支撑力量有限，超过9成的家庭存在着不同程度的照顾需要，接近4成的家庭同有双重照料需求，面临“上有老、下有小”的困境，对于老年人的照顾资源相对匮乏。大部分能够独立生活的老年人会选择自我照顾，不能完全自理老年人中，只有54.4%能得到其他家庭成员的照顾。子女是完全失能老人最主要的照料者，有近20%的完全失能老人缺乏其他家庭成员的照顾。家庭流动性造成空巢老人、家庭规模小型化导致家庭传统功能日益衰退等造成传统养老服务模式面临巨大挑战。

第四节　养老服务体系的信息化需求

近年来，网络技术在远程家庭护理中的应用越来越广泛，这种技术将医学、健康护理、信息传送、无线医疗设备结合起来，能让患者不出社区就享受到高效的健康护理服务。通过利用科学技术，使以非侵入式的方法获取生理数据成为可能，将获取的生理数据发送至医院进一步进行诊断和遥控，当医生收到这些数据，可进行诊断，能为患者推荐更合理的治疗方案，省去了患者及其家人花费额外时间和费用到医院看病，让医疗资源得到更高效的利用。

由于社区卫生服务中心深入社区中，与老年人有着很密切的联系，社区卫生服务是对省市级医院医疗服务的补充和重要辅助部分，老年人对社区卫生服务的需求如果能得到很好的实现，能有效推动社区卫生服务更好地发展，进而提供更好的服务。由于各种政策的推动，社区卫生服务已经有了良好的发展，通过研究城市社区老年人卫生服务需求的影响因素能更好知道社区卫生服务中心的发展和完善。因此，应该依托社区卫生服务中心，建立一套依赖于信息的社区养老服务体系，以便能够初步采集和存储老年人的医疗保健数据并对其进行初步处理和解析。以此为基础，以地区医院为主导，搭建为当地老年人服务的地区健康服务支持系统，从而提供专业的诊断意见及急救服务。

随着国务院下发《国务院关于积极推进“互联网+”行动的指导意见》文件，“互联网+”的进一步推广，将会有力促进智慧健康养老产业的发展，各类健康服务机构能提供更多的智能健康产品及个性化的健康管理服务。《关于推进医疗卫生与养老服务相结合指导意见的通知》明确：鼓励医疗卫生机构与养老服务融合发展。这需要依托社区卫生服务中心及高效的信息网络平台，从而实现医疗机构同社区服务中心的对接。因此，以现有社区建设为基础，结合互联网资源及社会力量，才能为老年人提供全方位的养老服务，减少慢性病带来的痛苦，提升老年人的生活质量。

建立一个集合家庭、社区、医疗机构的多层次健康监护平台，该模型的构建包含用户穿戴系统、家庭保健系统、社区信息服务中心、医疗健康监护中心及紧急救援系统（图4-3）。

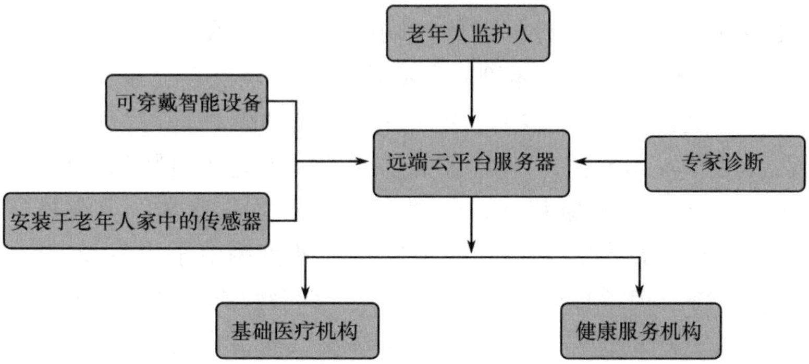

图 4-3　医养结合的老年健康服务系统技术方案

通过建立老年人穿戴系统，对老年人的重要生命体征信息进行测量、收集并通过网络进行传输，帮助老年人在日常生活中进行慢性病管理；通过建立家庭保健系统，利用传感器感应危险信息，包括发生火灾、天然气泄漏、意外摔倒等，防止意外事件的发生所带来的损害；通过建立社区信息服务中心，对老年人健康信息进行存储和初步分析，将有健康问题的数据传送到医疗服务中心进行专业救助，对老年人生活中可能出现的意外，如摔倒、失窃等，进行及时救助；当老年人出现一定的健康问题时，医疗服务中心通过调取用户的健康信息，从而根据病情的轻重，给出相应的建议，使老年人就医过程更加方便，提供更加人性化的医疗服务。基于信息技术的城市社区养老服务模式的优点见图4-4。

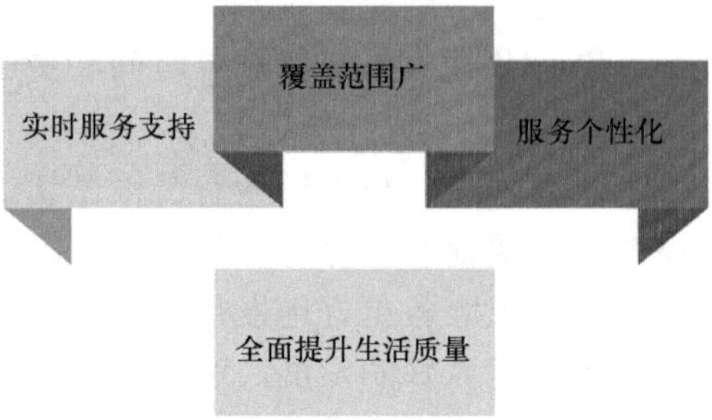

图 4-4　基于信息技术的城市社区养老服务模式的优点

（一）覆盖范围广

在信息技术的支持下，医疗服务覆盖范围得以扩大，服务的提供对于地理位置的依赖变小。医疗机构通过医院系统，可以开通网上预约就近护士上门护理服务，如陪诊服务、关节松动训练、压疮护理、血氧饱和度监测、血糖监测等。一些患有重疾的老年患者，在当地医院没办法得到很好的诊断、治疗，传统模式下，这种情况就必须要转院。如果短时间内不能赶到大医院救治，可能导致病情恶化，耽误救治。尤其是遭遇诸如疫情等特殊情况，给他们就医造成不便。远程会诊方式的出现，实现了优质医疗资源的下沉，下级医院跟上级医院通过网络视频面对面，可以完成患者的病情分析与诊断，进一步确定治疗方案。

（二）实时服务支持

基于信息技术的城市社区养老服务模式能为用户实时提供所需的健康服务，而智能化的健康监测设备则可以实现远程健康监控功能。例如，使用智能健康监测仪器（如血压计、血压仪、智能床垫、健康手环等）自助检测身体状况并记录健康参数相关指标后，这些信息会自动传输至云端数据库中，进行进一步的数据处理与分析，一旦发现任何异样情况，系统就会立即发出警报。例如北京建立智慧养老示范驿站，通过手机APP进行在线预约，实时监测老年人健康状况，保障老年人的生命安全；上海推行“一网统管”平台，运用一些电子设备在独居老年人家中安装红外监测电子设备和门磁等，如果老年人发生危险会进行报警，街道社区“一网统管”平台会收到信息，及时给予老年人帮助。这些都可帮助老年人更好进行慢性病管理，及时发现病情的恶化，及时诊治，为老年人提供更好的医疗保健服务。

（三）服务个性化

根据用户的具体情况，充分运用信息的迅速传递和互联网的功能来追踪老年人的健康指数、饮食情况、医疗信息和生活喜好等内容，打造专属的个性化健康管理方案。一旦检测到任何异样，相关的数据就会立即被发送至社区养老信息平台，以便尽早采取措施，预防严重的并发症发生，能够实时监测老年人的身体健康状态。另外，还可以根据老年人使用情况，实现个性化精准推送，升级服务模式，优化服务方式，更好地满足老年群体健康需求。

（四）全面提升生活质量

对患有慢性病的老年群体而言，能够降低去医院就诊的频率，在家中享受到部分必需的医疗服务，可提高其生活质量。借助网络信息科技的力量，把家庭与社区及医疗机构紧密联系在一起，更好地保障他们的日常生活。根据老年群体的需求，为他们提供相应的健康服务，使其日常生活变得更便捷，减少由于行动受限或生理功能衰退等问题造成的困扰。在“互联网+”的环境里，组织社区内的老年活动，提前征求意见，调整计划，活动中便于交流，让老年人自主参与，结束后互相分享感悟，以获取心理上的满足感。我们还可以使用移动互动平台和社区养老服务平台来定期发布健康信息，传播健康保健知识，针对老年人的问题逐一解答，并对重点人群实施健康指导，提升老年人群预防和控制疾病的能力。

随着“智慧城市”和“智慧养老”理念的提出，人们开始思考在信息社会的背景下，如何更好地利用信息技术，将养老服务信息资源有效整合起来，为老年人提供更好的服务。城市社区养老服务信息化是“智慧养老”的一项重要内容，目前一些地区已经建立了社区养老服务信息化平台，但是由于缺乏有效的信息整合，信息资源无法完全共享、养老服务信息供给和需求不平衡。城市社区养老服务供求信息整合不仅是智慧养老发展的必然，也是养老服务信息需求推动的结果。因此要实现养老服务供求信息的有效整合，必须结合各地区的实际，遵循政府引导、社会化和市场化运作的原则，鼓励政府以外的养老机构、非营利性组织、志愿者等积极参与，通过社区养老服务信息平台将不同部门的养老服务信息整合到一个系统中，形成一个高效的信息管理平台，充分调动信息资源，以满足不同老年人的养老服务信息需求、解决供求信息不平衡的问题，进而提高养老服务供给水平、缓解老龄化速度加剧带来的社会压力。

泰兴市信息化养老服务平台

泰兴市民政局为积极应对人口老龄化，加快发展老龄事业，深入贯彻和落实国务院、民政部及江苏省民政厅有关文件精神，以信息化推进养老服务业的建设。建立老龄事业信息化协同推进机制，建立“泰兴市养老服务平台”。该平台通过汇聚政务网、互联网、物联网上全要素养老数据，形成资源中心，并基于数据挖掘分析，建立养老业务管理平台，为政府、组织、公众、产业提供数据服务，辅助科学决策、精准养老服务、便捷服务获取的概况内容。该平台同时覆盖政府管理部门、养老服务组织、社会公众和老龄产业四类对象，整合泰兴市所有养老服务资源为全市老年人提供多元化养老服务。

第五章　我国医养服务供给现状

第一节　我国医养服务供给的政策背景及现状

一、我国医养服务供给的政策背景

从政府管理部门来看，目前我国涉及医养结合相关工作分散在多个部门，其中养老机构归民政部养老服务司管理，医疗机构归国家卫生健康委员会（简称卫健委）老龄健康司管理，养老保险在人力资源和社会保障部（简称人社部）养老保险司，医疗报销归国家医疗保障局（简称医保局）管理。

从近年来下发的医养结合政策看，自党的十八大以来医养结合的政策体系不断完善、服务能力不断提升（表5-1）。通过梳理近年来与医养结合相关政策文件，可以看出2013年和2015年是推动医养结合工作两个标志性节点。2013年9月国务院发布《关于加快发展养老服务业的若干意见》，明确指出积极推进医疗卫生与养老服务相结合是今后的主要任务之一。这是第一次在国家政策文件中对医养结合作出明确指示。2015年下发《关于推进医疗卫生与养老服务相结合指导意见的通知》标志着医养结合工作全面开展。此外，通过对政策数量及政策基本内容的梳理发现，我国在不到10年的时间里，医养结合政策不但密集出台，且政策的内容明显细化和深化、涉及范围不断拓展。

表5-1　医养结合部分相关政策文件

时间	文件名称	核心内容
2013.9	《关于加快发展养老服务业的若干意见》	国家政策文件中第一次对医养结合作出明确指示
2013.9	《关于促进健康服务业发展的若干意见》	推进医疗机构与养老机构等加强合作。建立健全医疗机构与养老机构之间的业务协作机制，鼓励开通养老机构与医疗机构的预约就诊绿色通道，协同做好老年人慢性病管理和康复护理。增强医疗机构为老年人提供便捷、优先优惠医疗服务的能力。推动二级以上医院与老年病医院、老年护理院、康复疗养机构等之间的转诊与合作
2014.6	《关于组织开展面向养老机构的远程医疗政策试点工作的通知》	试点省市养老机构和医院，要按照“填平补齐、经济适用”的原则，充分依托现有系统，采购安全可控的设备和服务，形成完善面向养老机构的远程医疗技术和服务体系
2014.9	《关于加快推进健康与养老服务工程建设的通知》	具备医养结合服务设施属于养老服务体系主要任务
2015.2	《关于鼓励民间资本参与养老服务业发展的实施意见》	从医养结合机构设置、医保、人员及和其他机构合作角度，推进医养结合发展
2015.3	《关于印发全国医疗卫生服务体系规划纲要（2015—2020）的通知》	推进医疗机构与养老机构等加强合作，推动中医药与养老结合，充分发挥中医药“治未病”和养生保健优势等
2015.11	《关于推进医疗卫生与养老服务相结合指导意见的通知》	到2020年，符合国情的医养结合体制机制和政策法规体系基本建立，医疗卫生和养老服务资源实现有序共享，覆盖城乡、规模适宜、功能合理、综合连续的医养结合服务网络基本形成，基层医疗卫生机构为居家老年人提供上门服务的能力明显提升

续表

时间	文件名称	核心内容
2016.4	《关于做好医养结合服务机构许可工作的通知》	做好医养结合服务机构筹建指导工作，支持新建医养结合机构，打造无障碍审批环境
2016.5	《关于遴选国家级医养结合试点单位的通知》	通过开展医养结合工作试点，促进试点地区先行先试，积极探索，率先构建起覆盖城乡、规模适宜、功能合理、综合连续的医养结合服务网络，探索建立符合国情的医养结合体制机制，出台一批可持续、可复制的体制机制和创新成果，创新医养结合管理机制和服务模式，为全国医养结合工作提供示范经验
2016.6	《关于确定第一批国家级医养结合试点单位的通知》	北京市东城区/海淀区、上海市徐汇区/普陀区等50个市（区）作为第一批国家级医养结合试点单位
2016.9	《关于确定第二批国家级医养结合试点单位的通知》	确定北京市朝阳区、上海市松江区等40个市（区）作为第二批国家级医养结合试点单位
2019.4	《关于推进养老服务发展的意见》	养老服务政策实现了整体性突破
2019.5	《关于做好医养结合机构审批登记工作的通知》	支持养老机构设立医疗机构、支持医疗机构设立养老机构、支持新建医养结合机构、加强事中事后监管
2019.6	《关于开展医养结合典型经验征集推广活动的通知》	国家卫健委与世界卫生组织将共同实施中国-世界卫生组织“医养结合在中国的最佳实践”双年度合作项目。根据项目安排，将在全国开展医养结合典型经验征集推广活动
2019.10	《关于深入推进医养结合发展的若干意见》	从强化医疗卫生与养老服务衔接、推进医养结合机构“放管服”改革、加大政府支持力度、优化保障政策、加强队伍建设角度推进医养结合发展
2019.12	《关于印发医养结合机构服务指南（试行）的通知》	明确对医养结合机构的基本要求、服务内容与要求、服务流程与要求
2020.2	《关于进一步做好医养结合机构新冠肺炎疫情防控工作的通知》	医养结合机构要严格执行疫情防控相关部署及工作规范、指南，按照防控预案和应急预案，明确责任分工，压实工作责任，切实保障入住老年人的生命健康安全
2020.9	《养老机构管理办法》（中华人民共和国民政部令第66号）	养老机构可以通过设立医疗机构或者采取与周边医疗机构合作的方式，为老年人提供医疗服务。养老机构设立医疗机构的，应当按照医疗机构管理相关法律法规进行管理
2020.9	《关于进一步扩大养老服务供给 促进养老服务消费的实施意见》	支持社会力量参与提供养老服务
2020.10	《关于印发医养结合机构管理指南（试行）的通知》	明确对医养结合机构基本要求，养老服务、医疗服务管理、医养服务衔接管理、运营管理要求，加强安全管理
2020.12	《关于开展医养结合机构服务质量提升行动的通知》	自2020年起开始实施，为期三年，每年按照“全面自查—整改核查—总结提升”的程序开展工作
2020.12	《关于印发医疗卫生机构与养老服务机构签约合作服务指南（试行）的通知》	明确服务方式，对机构、人员基本要求，服务内容
2021.11	《晋中市人民政府办公室 关于印发晋中市深化医养结合促进健康养老发展实施方案的通知》	进一步推进我市居家社区机构相协调、医养康养相结合的养老服务体系建设，更好满足老年人多方面多层次服务需求，实现健康养老高质量发展
2022.3	《关于开展社区医养结合能力提升行动的通知》	明确了社区医养结合服务能力提升行动的工作目标、工作内容和有关要求

在出台系列政策外，国家也进行了试点探索。2016年国家卫健委联合民政部在全国遴选90个城市作为国家医养结合试点单位。2019年国家卫健委联合世界卫生组织开

展2018～2019双年度“医养结合在中国的最佳实践”双年度合作项目。2019年200个案例获评“全国医养结合典型经验”。2020年国家卫健委办公厅遴选174家全国首批老龄健康医养结合远程协同服务服务试点机构。这些均为全国医养结合探索提供了很好的借鉴。

北京市朝阳区孙河社区

该社区卫生服务中心于2014年11月正式建立“医养结合病房”，主要收治辖区内慢性病、生活不能自理且需要医疗救治、癌症中晚期或临终关怀及需要长期照护的患者，病房工作人员的配备采取“医生-护士-护理人员”的形式，协作管理患者。该社区卫生服务中心推出全托护理和临床治疗为一体的24小时医疗护理及日间照料服务，采用“康复训练、持续照料、先治后养、医养结合”的治疗原则。此外，在一般医疗和护理服务的基础上，该中心还拓展服务项目，根据老年患者的病情和需求，开展合理的中医特色内容，如推拿按摩、艾灸、拔罐、敷贴、药膳调养等，同时教授老年患者适宜的太极拳、八段锦、五禽戏等中医养生保健锻炼方式，使老年患者享受“中医特色医养结合病房”服务。

广东省江门市

为满足老年群体的要求，江门市2家典型的公立养老机构均增设了医疗卫生服务。江门市社会福利院内设有床位500张，留医床位60张。其内部设有老年病专科和康复科等，为老年人提供所需的医疗服务，是一所集养老、医疗、康复、护理、娱乐于一体的养老机构。此外，江门市新会区颐和养老院由社会资本投资经营，内部设置医疗机构，配备200多张床位，在满足老年人生活照料、文化娱乐的同时，由专业的医护人员实施规范的医生查房、护理、护工制度，提供医疗保健、康复护理等医疗卫生服务，并与周围的医院开通老年人诊疗绿色通道，是一家集医疗、护理、养老为一体的养老服务机构。

福建省厦门市

该市探索以社区为主体的养老服务网络，逐步形成以社区为中心，社区医疗卫生机构、居家养老社工机构、信息化助老平台为服务平台，街道、社区、社会和居民等多方力量为保障的综合服务体系，为居家老年人提供集医疗、养老、康复、保健、生活照料于一体的医养结合养老服务。厦门市还探索“互联网+养老”服务，通过开通养老服务专用号、居家老年人通过智能终端对所需的服务进行下单并开发出可以分析健康报告、提供个性化健康建议的软件等方式，为厦门市居家医养结合养老服务提供更大的便捷。此外，厦门市政府还通过政府购买的形式，与专业的养老服务机构合作，承接起日常档案建立、上门探访、心理疏导、健康保健、日常护理、家庭病床、老年疾病筛查等工作。

医养结合是一项以实现健康老龄化为核心目标的综合性治理模式，但其涉及多个不同层面的复杂的协同主体和协同要素。医养结合不仅是单一的“模式-模式”性功能嵌入，也是基于资源配置的一种“结构性”功能嵌入（图5-1）。

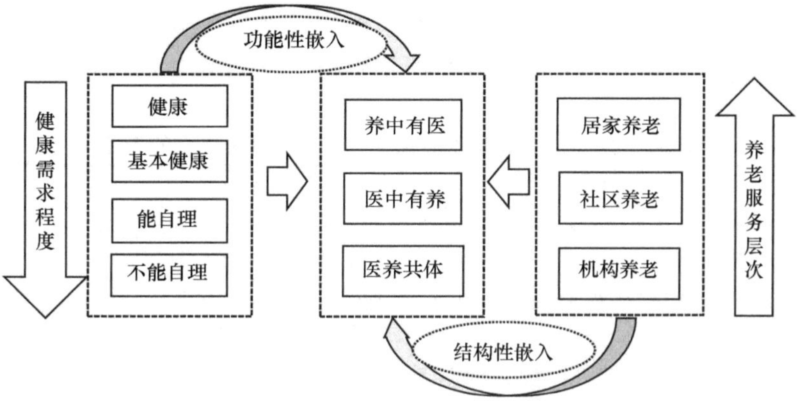

图 5-1　医养结合服务的“需求—资源—供给”双向嵌入逻辑

在政府的行政手段推动下，我国养老服务机构和设施、社区服务机构和设施飞速攀升：截至2022年第一季度，全国各类养老机构和设施总数达36万个，比上年增长5%，是2015年的3.1倍；社区养老服务机构和设施32万个，是2015年的12.3倍，平均每年新增机构和设施5万多个。

二、我国医养服务供给现状

当前，我国已经迈入深度老龄化社会。老年人口基数大、老龄化速度快，高龄、失能、独居、留守等老年群体不断增多。全国60岁以上老年人口规模在2014～2053年将呈持续增长趋势，到2053年，老年人口规模达到最高值，近4.68亿人，占全国总人口的37.21%。2020年年末全国参加城镇职工基本养老保险人数45 638万人，比上年末增加2150万人。参加城乡居民基本养老保险人数54 244万人，增加978万人。我国老年人健康状况不容乐观，2018年我国人均预期寿命为77岁，但人均健康预期寿命仅68.7岁，失能、部分失能老年人约4400万人，失智症患者1000万人左右，另有超过1.8亿老年人患有慢性病，而慢性病老年人发生失能的风险是未患病者的2.49倍。这部分老人不但需要生活照料，而且迫切需要医疗服务的介入。

老年人在不同阶段对医养有不同的需求（图5-2）。因疾病的不确定性、突发性及长期性，老年人的养老与医疗照料需求急剧增加，但目前我国养老和医疗长期处于自成体系的状态，没有形成有效联动机制，尚未实现养老服务和医疗服务兼得性。

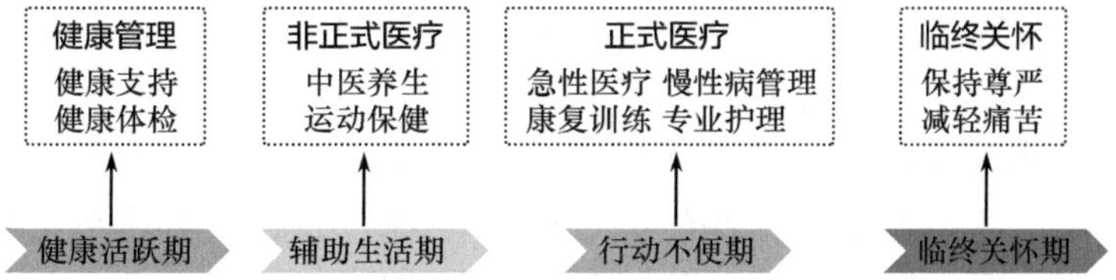

图 5-2　老年人不同时期健康服务需求

医养服务体系的具体内容为“居家为基础，社区为依托，机构为补充，医养相结合”。而梳理中央政府自2000年来针对养老服务所出台的重大政策文件可知（表5-2），我国政府是逐渐将养老服务体系界定在居家养老、社区养老、机构养老、医养结合等养老服务模式的有序整合上，并对几种模式的主次关系和作用上作了较为清晰的表述-养老服务的供给过程以居家养老为基础，社区养老为依托，机构养老为补充，结果是实现医疗资源与养老服务的有机结合，从而切实保障和满足老年人最重要的两种服务需求——医疗和康养。

表 5-2　2000 年以来历次政策文件对养老服务体系的表述

年份	文件名	内容
2000	《关于加快实现社会福利社会化的意见》（国办发〔2000〕19号）	在供养方式上坚持以居家为基础、以社区为依托、以社会福利机构为补充的发展方向
2006	《关于加快发展养老服务业意见的通知》（国办发〔2006〕6号）	逐步建立和完善以居家养老为基础、社区服务为依托、机构养老为补充的服务体系
2011	《国务院办公厅关于印发社会养老服务体系建设规划（2011～2015年）的通知》	社会养老服务体系建设应以居家为基础、社区为依托、机构为支撑
2013	《国务院关于加快发展养老服务业的若干意见》（国发〔2013〕35号）	到2020年，全面建成以居家为基础、社区为依托、机构为支撑的功能完善、规模适度、覆盖城乡的养老服务体系
2016	《国务院关于印发国家人口发展规划（2016～2030年）的通知》（国发〔2016〕87号）	加快完善以居家为基础、社区为依托、机构为补充、医养结合的养老服务体系
2017	《国务院关于印发“十三五”国家老龄事业发展和养老体系建设规划的通知》（国发〔2017〕13号）	居家为基础、社区为依托、机构为补充、医养相结合的养老服务体系更加健全
2019	《国务院办公厅关于推进养老服务发展的意见》（国办发〔2019〕5号）	持续完善居家为基础、社区为依托、机构为补充、医养相结合的养老服务体系
2019	《国家积极应对人口老龄化中长期规划》	健全以居家为基础、社区为依托、机构充分发展、医养有机结合的多层次养老服务体系，多渠道、多领域扩大适老产品和服务供给，提升产品和服务质量
2021	《“十四五”国家老龄事业发展和养老服务体系规划》	扩大养老服务供给，健全老年健康集成体系，促进老年服务多业态创新融合发展，增强要素保障能力

同时，养老服务是一种特殊的公共产品，是社会福利的重要组成部分，具有正外部性、公共性和福利性。但是养老服务不是纯粹的公共产品，就其经济属性来说，同时具有私人物品、准公共物品与纯公共物品的三种特征。养老服务首先是一种私人物品。私人物品具有排他性与竞争性，可以完全实行市场化供给，价格由供求关系决定。一些有较高收入、追求较高品质生活的老人，将养老服务视为一般性产品来购买，对养老服务的需求更多元、期待更高。养老服务也具有准公共物品的属性。消费上不具有排他性，同样处境的老人都可以享受类似服务，但是具有竞争性。这类服务主要针对城市与农村中的“空巢老人”，随着年龄增大，需要生活照料、生病看护等服务。对于农村中的“五保”老人，鳏寡残疾老人，“三无”老人等最需关怀的弱势群体，其养老服务就属于政府“保基本，兜底线”的范畴，应该由政府负责提供。

2015年11月，习近平总书记在中央财经委员会第十一次会议上正式提出要“在适度扩大总需求的同时，着力加强供给侧结构性改革，着力提高供给体系质量和效率，增强经济持续增长动力，推动我国社会生产力水平实现整体跃升”。供给侧结构性改革，就是从提高供给质量出发，用改革的办法推进结构调整，矫正要素配置扭曲，扩大有效供给，提高供给结构对需求变化的适应性和灵活性，提高全要素生产率，更好满足广大人民群众的需要，促进经济社会持续健康发展。供给侧结构性改革应用在养老服务领域主要是推动有效供给满足日益变化的多样化需求。

在供给侧结构性改革的理念下，政府要坚持以下几大发展观念（图5-3）。

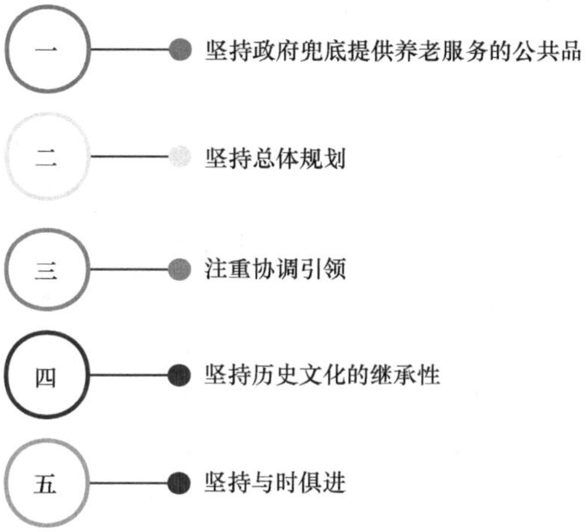

图5-3　供给侧结构性改革的理念下，政府坚持的几大发展观念

（1）坚持政府兜底提供养老服务的公共品：以保基本的原则提供最基本的服务。坚持为无赡养人、低收入老人提供养老服务。

（2）坚持总体规划：对养老资源的空间分布、服务人员的规范培训、标准化建设、行业法规和监管作好顶层设计。

（3）注重协调引领：养老服务是一项复杂的系统工程，解决处理好养老问题需要多部门通力合作，当前民政部门负责养老服务的工作，而相关审批、标准等工作需要各部门打破条块分割，通力合作。

（4）坚持历史文化的继承性：养老是家庭固有功能之一，任何其他制度都不能打破家庭养老的固有属性。这在经济尚不发达的农村地区，家庭养老有不可替代的经济和资源优势。

（5）坚持与时俱进：要充分做好养老服务的精准需求调研，对变化的多样化需求准确估计。对新兴需求积极促进其产业化发展。

自本世纪以来，我国大力推进社会化养老服务体系建设，基本形成了推动建设居家养老、社区养老、机构养老三大支柱性服务体系的共识，这种分类服务体系符合满足人生理老化所需求的服务场所供给、符合老年人口活动范围的空间布局规划，成为“中国式养老”的智慧决策和战略布局。新修订的《老年人权益保障法》在总则中规定，“国家建立和完善居家为基础、社区为依托、机构为支撑的社会养老服务体系”，国务院加快发展养老服务业的文件细化了这一法律规定，在国家层面从法律和政策上为我国养老服务体系建设确立了基本原则、进行了顶层固化，随后配套出台了一系列的法规政策和地方性文件，极大地激发了全社会力量投入养老服务业的热情。人口老龄化问题在我国关联着怎么养老、如何化挑战为机遇、怎样转变养老服务发展观念和方式、怎样发展生产性养老和生活性养老服务业、怎样与我国经济和文化等方面相适应的问题。

2015年11月，北京市正式公布实施的《养老服务设施专项规划（2015～2020年）》，对此作了更为清楚的阐述和界定，北京市在养老设施配置上分为养老机构和社区养老服务设施两类，后者以托老所和老年活动场站为主体，居家养老不配置设施。整个养老服务体系坚持政府主导、市场主体、社会主力、覆盖城乡的原则，鼓励多种服务方式为手段、各类养老服务设施为平台，满足老年人多层次、多元化、多选择的服务需求，达到服务方式多元化、投资主体多样化、养老服务普及化、服务队伍专业化。2015年实施的《北京市居家养老服务条例》规定，居家养老服务是以家庭为基础，在政府主导下，以城乡社区为依托，以社会保障制度为支撑，由政府提供基本公共服务，企业、社会组织提供专业化服务，基层群众性自治组织和志愿者提供公益互助服务，满足居住在家老年人社会化服务需求的养老服务模式。目的是解决居住在家的老年人遇到的极为基本、极为迫切的需求，特别是在用餐、医疗卫生、家庭护理和紧急救援等方面的服务需求。北京市社区养老服务业建设有序推进。在社区养老服务体系建设方面，北京市大力建设街道、乡镇级养老照料中心。养老照料中心的基本服务是为失能、半失能老人提供短期“全托”照料，在满足失能、半失能老人居家养老需求的同时使其家人获得“喘息”式休假、调整，使失能、半失能老人家庭从长年不能休息的照料中暂时解脱出来，得到一定的休息和调节。北京市在加强养老机构床位建设的同时，不断探寻医养结合新模式。在医养结合工作会上，北京市卫健委确定东城区、西城区为医养结合试点区县。

深化对机构养老服务体系的再认识，将机构养老服务体系的范围界定为养老机构、养老服务设施、社区配建养老设施、专业涉老社会服务机构、专业为老服务企事业单位和社会组织，建立在政府引导下，以需求为导向，以服务为中心，以社会组织为支持的立体化、综合式、全方位的机构养老服务体系，不但可以使机构养老服务体系的内涵更为丰富、保障更加有力，而且能使社区居家养老服务体系有坚实抓手、可靠依托，有利于我们在实践中更好地布局推进整个社会化养老服务体系的建设和发展，更好动员全社会力量来应对严峻的人口老龄化形势。下面是北京市的养老服务模式的案例分析。

> 北京市第二医院与中信国安投资有限公司签约多点执业开展门诊服务；首都医科大学宣武医院发挥学科优势，在养老机构建立初级远程会诊中心，开展远程“卒中”急救等相关业务。北京市养老服务业建设整体呈现“互联网+”智能新趋势。“互联网+”智能养老以信息化养老终端采集数据为基础，利用互联网、移动通信网、物联网等手段建立系统服务与互动平台，通过整合公共服务资源和社会服务资源来满足老年客户在安全看护、健康管理、生活照料、休闲娱乐、亲情关爱等方面的养老需求，从而为广大老年群体提供了一种新型的养老解决方案。该模式要求有较高的资源整合能力、管理能力、后端服务能力及其人口扩张快速能力，将成为市场化主体进入养老行业的重要方式。

第二节　现有的医养服务供给模式

当前我国主要的医养服务供给模式主要包括家庭养老服务模式、机构养老服务模式、社区居家养老服务模式、多元主体供给模式（如公私合作模式）、新兴的互联网+医养结合模式等（图5-4、表5-3）。由于我国历史文化传统和现阶段“未富先老”的基本国情，每种模式有其自身的优缺点，因而促进各种模式协调并举、优势互补共同发展成为当今乃至以后都需要从政府、社会等层面着力加以解决的关键难题。

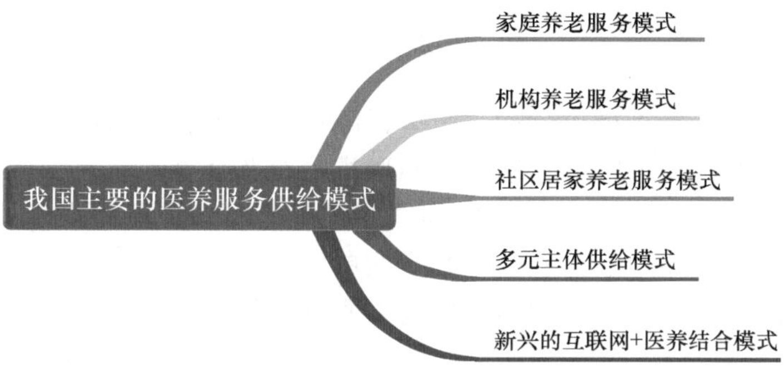

图 5-4　我国主要的医养服务供给模式

表 5-3　我国医养服务体系

	模式	定位	功能	特征
医养服务体系	居家养老	基础	自理老人积极老龄化重要场所	个人对个人
	社区养老	依托	老人（包括失能、半失能老人）生活照料、精神慰藉等服务支持	个人对个人
	机构养老	补充	①公办养老机构：城市“三无”和农村“五保”老人养老服务支持。②民办养老机构：城市中、高端养老服务	机构对团体
	医养结合	支持	老人治疗器住院、康复期护理、稳定期生活照料及临终关怀一体化服务	机构对团体
	智能养老	赋能	信息数据、资源整合、人力替代、高效精准	团体对个人
	智慧养老	增慧	以人为本，满足需求；精神慰藉；社会交往、合作	团体对个人

一、家庭养老服务模式

传统的家庭养老服务模式是指以家庭作为老人生活的主要场所，以子女赡养、照顾老人为特点的传统模式。经历史传承千年有天然的继承性和适用性。从制度变迁的角度看，其具备制度和合法性及在制度环境中个体需要遵从的规范。在历史文化得到极大尊重的今天，传统的家庭养老服务模式网络外部性明显：网络中的个体需要遵守规范，每个人为此负责且受益于此，并且参与个体越多，其约束力和合法性越强。在此背景下“声誉机制”对维护网络有至关重要的作用。不遵守规范的个体在网络中传播往往为其打上不良标签。严重影响其网络中的地位和从网络中获取资源的能力。正反馈机制扩大机制是其重要的特征。即由其网络驱动的反馈不断加强巩固。这也是在历史传承中延续的重要原因。根据众多调查结果显示：多数老人的身体状况并没有完全失能，他们更倾向于和子女一起在家庭中生活。对老人而言，在熟悉的有亲人的地方生活有一种天然的亲近感和归属感，相对花销也少。这种感情上的满足带来的幸福感是其他养老机构所不能给予的。

近年来，传统的养老功能作为家庭主要职能逐渐减弱，与社会变革和思想开放有关。一方面，“421”家庭的普遍格局说明：家庭中老人的增多和照顾的成员相对较少。另一方面，年轻人工作和学习压力的加大使得年轻人没有足够精力和时间照顾老人。调查显示：年轻人在生活品质和休闲娱乐上愿意花更多时间和心思。家庭养老中养老观念和老人地位受到冲击，家庭养老模式给老人带来的情感归属逐渐减弱。家庭养老服务模式面临着重大挑战。

二、机构养老服务模式

养老机构是指为老年人提供食宿、照料、日常护理等服务的机构。现阶段主要包括养老院、托老所、老年护理院等。根据举办形式主要有公办、私营、公办民营、民办公助等形式。大体上分为营利性养老机构、非营利性养老机构和福利性养老机构三种。

现阶段公办养老机构一般是社会福利事业单位，主要为“三无”老人及“五保”老人提供服务。民间社会资本投资的养老机构主要对象是中高级养老机构，如高级私人养老院等。

机构养老的主要优势：在特定的机构集中照料减轻子女压力，同时老年人得到集中照顾。此外群体之间的交流对缓解老年人的孤独感有重要意义。同时“养儿防老”的思想逐渐变化使得老年人接受机构养老。

但需要清楚认识到，机构养老模式存在着许多不足：首先，机构养老作为与历史传统一脉相承家庭养老的对立物，先天受到思想意识的排斥。从信息经济学的观点看，将老年人送进养老机构往往向邻里或周围亲戚传递不孝的信号。而这种不孝的信号又会影响子女正常的工作和生活。当这种信号传递的负面影响远远大于照顾老年人所付出的成本时，机构养老模式就不再被接受。因此，在很多案例中可以看到即使很多家庭不具备照顾失能或者半失能老人的条件，但是多数家庭仍然会选择传统的家庭养老方式。其次，目前机构养老服务本身存在许多问题。在资金方面机构养老在机构建设初始就需要巨大的投入，私营的养老机构往往由于资本自身的逐利性选择进入高端养老服务市场，从而使机构养老服务有较高的收费标准和排他性。公办的养老机构则难以满足老年人的个性化需求和情感需求。同时公办的养老机构往往起“兜底”作用。

提供的养老服务对象往往是“三无”老人及“五保”老人，提供的服务往往是最基础的。因此可以发现在公办和民营养老机构往往走向基础和高端两个极端。中间状态的养老机构往往缺位。缺乏宏观规划往往使得机构设置地区、层次不均衡。另外，对照料护理的专业化服务需求与机构的护理人员不足的矛盾尖锐。相关学者研究发现，替代家庭养老成为选择的主要因素是老年人身体机能的减退和疾病的增加。因此机构养老的服务需求往往趋向康复护理和专业化的照料方面。因此养老机构的照料人员应当是经过一定医疗服务培训的服务人员。但是当前我国超过4400万的失能和半失能老人按照3∶1的比例需要1000多万养老护理员。但当前全国从事相关行业的人员不足百万。没有取得执业证书的更少，结构性矛盾突出。

社会化的“智能居家”养老是西方国家将智慧养老与居家养老结合的又一主要模式，其代表国家是德国。在人口预期寿命延长及生育率下降的双重影响下，德国于20世纪50年代就开始步入老龄化社会，成为欧洲人口老龄化最为严重的国家之一。据经济合作与发展组织（OECD）数据，2018年德国总人口为8291.4万人，其中65岁以上人口约为1779.8万，占总人口21.5%，已经步入超老龄社会（super-aged society）。为应对老龄问题，德国以“智能居家”为特色，在制度设计和智慧养老方面进行了充分的实践探索，取得了应对人口老龄化问题的宝贵经验。

此外，标准化建设急需解决，日本一直注重并擅长运用现代化科学技术提升民生福祉，标准化也是其中的重要手段之一。目前日本养老服务标准主要实施由厚生省老人保健福祉局制定的养老服务评价标准，涉及日常生活服务、特殊服务、其他服务、与相关业务单位的协作、设施设备与环境、经营管理六个方面内容，根据这六方面设定各种问题，组成服务评价项目，养老公共服务机构评定为A、B、C、D四个等级此标准涵盖范围广，具有较强的操作性与指示性。在老龄化不断深入、传统家庭养老模式衰落的背景下，该标准的实施提升了日本养老服务能力与水平。

海南省海口市于国内首批布局的民营养老机构，树立了医养结合的民营养老机构标杆，曾被中国社会工作协会社会养老工作委员会授予“最佳养老机构”等荣誉称号。此前，为促进养老服务行业发展，海口市坚持“政府引导，市场驱动”的方针，充分发挥政府在规划引领、政策引导、制度建设和行业监管等方面的作用，营造良好发展环境，激发社会力量参与热情，积极引导社会力量成为供给主体。目前已涌现出海口恭和苑医养结合项目及龙桥、三江、大致坡等效果较好的改革试点项目。根据海口市“十四五”民政事业发展规划，全市将基本建立覆盖城乡、方便优质的养老服务圈。到2025年，海口市适老化改造和家庭养老床位建设工作有序推进，养老服务机构护理型床位占比将超过55%，养老从业人员年度培训时长不少于60小时，从业人员培训覆盖率达到100%。

2011年，为响应国家及海口市政府“关于大力发展社会化养老、医养结合、整合社会资源改善老年健康及生活品质”的号召，海口恭和苑与海口市人民医院携手开启了医养合作共建模式。十年来，在海口市人民医院的大力支持下搭建医疗服务团队，在医疗专业支持、教育支持及医疗服务运营支持等方面解决了民营养老机构中医疗服务瓶颈问题，赢得了海口市政府、社会大众、老年住户及家属的一致好评。

当前，我国主要存在以下问题：

1. 完善的养老服务标准化体系还未建立　尽管已有多地开展了养老服务标准化建设，但是宏观、完善的大体系仍未建立起来，各地的标准存在差异，较为分散，全国范围内的统一规范尚待构建。只有依托于科学的国家和行业的准则，建立基础性的养老服务标准，社区老年人护理的服务质量才能有效提升。此外，城乡之间的社区环境有别，且农村地区的养老服务标准相对匮乏。因此，在制定社区养老服务标准时，应充分考虑到农村实际状况，并创建一些通用的基础标准。

2. 标准适用领域分布不均　现阶段，我国养老服务标准规范文件的出台主要集中于机构养老，社区（居家）类相对较少，全国性的基础通用类极少，尤其缺失国家级别的基础标准，这大大阻碍了多元化的标准化发展，难以满足当前社会的实际需求。社区类标准文件的设计更多侧重于社区管理与硬件技术，服务类标准相对不足，可操作性不高。相较之下，日本老年人群养老服务评价体系更为精细。

3. 技术组织过于单一，服务人员素质有待进一步提升　日本的社会组织参与国家养老服务标准设计与实施，我国基本仍以政府机构为设计主体，再加上我国处于标准化建设初期，新型技术的掌握应多主体参与互动交流能够更加完整与科学。同时，服务人员大多为家政人员，养老服务专业类培训少，专业技术达不到国际标准。

三、社区居家养老服务模式

国内学者普遍认为，居家养老是以家庭为基础，社会为依托，利用家庭、个人、社区、国家、非营利性组织和市场共同参与的多元化养老体系。它是对传统家庭养老模式的补充和更新，具有适应面广、针对性强、形式多样、保障功能全面、灵活性大、运作成本低、效率高等优势，同时操作难度增大。

社区居家养老服务是比较受推崇的一种方式。在社区居家养老服务模式中，老年人无须脱离他们所熟悉的社区，甚至家庭，就可以得到类似的照料和关怀。这对促进老年人的心理和生理健康有重要的积极作用。其本质是将个别的家庭养老与规范化的机构养老照护服务相结合。这一发展前景被专家学者所看好。具有以下优点：首先将家庭养老和机构养老的优势进行结合。使老年人在熟悉的环境中享受照护服务。其次充分利用社区资源和家庭资源处理养老问题，减轻政府负担。在现实运作中，社区居家养老的场所往往是社区活动中心等类似机构，不但对社区资源进行了充分整合。同时为下岗工人或社区无业人员提供了就业岗位。在机构养老服务中，其明显弊端是不利于传统孝道精神的弘扬和传播，一方面子女的孝道因为距离和没有亲自照料的原因难以显现。另一方面由于护理人员素质参差不齐和与被照料老年人往往没有直接亲属关系，而导致虐待老年人的现象时有发生。这极大破坏了社会精神文明建设。社区居家养老服务则克服了这些缺点。

2003年，南京市鼓楼区探索建立“居家养老服务网”，其目标是构建“居家养老为主体，社区养老为依托，机构养老为补充”的社会化养老服务体系。采取一系列措施，如政府向民间组织购买服务的形式免费为孤寡、独居和存在困难的老年人提供买菜做饭、清洗衣被、打扫居室等生活照料服务。2005年开始，鼓楼区大力扶持民营机构举办养老服务站，提供托老、日间照料、就餐、送餐、娱乐活动等服务。2008年底，7个街道、64个社区全部建立社区养老服务站。南京市鼓楼区借鉴欧美国家做法，建立“心贴心社区服务中心”专业队伍，将养老与康复结合，是医养结合的有效探索。累计投入资金1748万元，建成居家养老服务站51个，为“4050人员”提供就业岗位521个，成立社会化服务组织11个，有偿和无偿为老年人提供服务2.5万人次，各级服务中心为老年人提供上门服务7500人次，服务时间超过3.3小时，老人及其子女的满意率达到97%。

辽宁省葫芦岛市第二人民医院为适应传统养老模式难以满足人口老龄化趋势下的养老需求，加快推进医疗机构与养老机构的紧密合作，与企业积极探索“医养结合”新型养老模式，建立养老服务中心，在养老服务中心充分融入健康理念，加强医疗卫生服务支撑，竭力做到“医养结合”。在此模式下，葫芦岛市龙港国际医疗健康产业园内的医疗机构，葫芦岛市第二人民医院、辽宁中医葫芦岛康复医院、葫芦岛市第二人民医院健康体检中心，联合为社区老年人提供健康管理、慢性病管理、精准医疗、康复理疗等全方位、多功能、可持续性服务，将医养结合合作做实、做深、做新，满足社会多层次养老需求，打造深度医养结合服务社区的新范本。

社区居家养老模式的不足之处主要有：①社区居家养老模式的规模有限，个性化需求难以满足。随着社区老年人口的增加，以微型化的社区居家养老模式难以保障全部老人的基本服务需求。②在实践中很多地方在老年人较多的地方建立养老机构，模糊了机构养老和社区居家养老的界限，走回了机构养老的“重资产”模式。③服务人员短缺和专业化能力不足。我国专业的护理员与实际需求的缺口巨大。这无疑极大阻碍了社区居家养老模式的开展。由于社区养老的参与者包括政府、市场、社会、家庭等主体，在运营过程中十分考验社区的组织协调能力。一方面，在所有社区养老的参与者中，政府实际上承担了大量“事无巨细”的本该由社区来执行的工作，导致社区所掌握的养老资源间接转移到政府手里，造成居民投入了很大的精力参与和管理养老服务，服务效率却并未提高的现象。另一方面，还降低了社会力量参与养老服务的积极性和主动性，使其过分依赖政府主导，无法主动为之。

第三节　医养服务供给的市场化探索

一、居家养老服务市场化的内涵和特征

居家养老服务既包括由营利性的私人企业提供的私人服务，又包括由非营利性的社会组织提供的社会服务，还包括由公共组织机构提供的公共服务。居家养老服务市场化供给是指政府在居家养老服务领域引入营利性企业和非营利性社会力量等各类市场主体，运用相应的政策工具和手段激发各类市场主体按照市场化运作机制的要求提供各类居家养老服务和产品，以提升居家养老服务产品供给效率、提高服务质量，更好满足老年人居家养老服务个性化、差异化的需求。

居家养老服务市场化具有的特征如下：

首先，政府按责任主体定位，基予养老服务产品的三大特征。政府要充分发挥资金保障、制度建设、观念引导、市场规范、质量监督的重要作用。由于居家养老服务产品的公益性，作为满足老年人个性化需要的私人服务的供给，政府要通过政策引导、制度激励促进竞争，增加产品和服务，引导有限资源的最优配置。同时，政府还要加强监管，维持合理价格，保护老年人的基本权利。因此，无论是营利性私人市场还是非营利性的社会公共服务，政府都将是居家养老服务市场化供给中的责任主体。

其次，开放的市场应不限于主体的性质。开放的市场的基本特征是公平竞争。所以，无论是国资、民资、外资，无论是采用独资、合资还是股份制等方式，各种投资者均可投资和生产居家养老服务、产品和设施。各种投资者凡是具备条件的，均可以通过竞争成为生产者。这要求政府不能因为具有行政资格审批、土地审批具有权力而限制民营企业进入，还要鼓励多种形式、多元主体共同提供。如果提供主体或者养老服务生产者只有一个，那么垄断的低效率会妨碍正常的市场规则。

二、居家养老服务市场化供给的制约因素

首先，居家养老服务市场化的运作过程是一个系统工程，有赖于各系统的有力配合与协调。政府对居家养老服务行业的管制是指对进入居家养老服务行业、居家养老服务产品的价格、产品质量等方面的规定。居家养老服务行业与其他养老服务行业一样，无法采用企业流水线作业，是劳动密集型的产业，同时是一个微利行业，一般是以民办非企业注册进入的，如果注册工商企业不仅程序繁琐，而且不能享受民办非企业的各种优惠补助。如果注册民办非企业，就不能以营利为目的，企业的利润也不能用于分红。这也是阻碍民间资本进入居家养老服务业的极大障碍。当前我国缺乏相关的法律和市场运行机制建设，标准建设尤为滞后。

其次，政府购买服务的基本模式是政府与社会组织的运营合作模式。现有政府对居

家养老服务的购买力度与老年人实际之间的巨大鸿沟，地方政府购买居家养老服务的力度不大、受益面不广、保障水平不高。目前政府购买居家养老服务主要在城市社区进行试点，且大多数城市对政府购买居家养老服务的补贴资助标准并没有明确的规定，主要是原则性鼓励和支持。在一些试点城市均对政府购买居家养老服务的对象和标准提出了明确的要求，这些要求往往非常严格，甚至苛刻。

最后，居家养老服务的产业链尚不完备由于居家养老服务是微利产业，加之政府的政策扶植力度不够，民间资本参与居家养老服务产业的积极性不高。居家养老服务的重点是生活照料服务、专业护理服务、康复保健服务、精神慰藉服务，这些专业性的服务即使在大城市的社区尚缺乏合适的服务供给主体。从各地开展的居家养老服务的实践来看，较为普遍的是家政服务和老年餐桌，但大多处于分散式、小型化经营，难以实现规模化、品牌化发展。一方面，目前居家养老服务及其相关产业发展面临“需求”和“供给”双重不足的困境。据调查，愿意接受完全自费服务的老年人的比例大约有10%。另一方面，市场供给不足。如老年人对上门医疗、护理等的需求非常强烈，但市场上又缺乏合适的产品和服务，“有效供给不足”进一步压缩了“有效需求”的释放，两者恶性循环，使得居家养老服务的市场化供给基本处于缺失状态。

三、医养服务提供的多元主体探索——PPP模式应用实践

多元供给模式源于20世纪80年代奥斯特罗姆（Ostrom）夫妇的多中心治理理论。多元供给模式下，代表公共部门的政府、代表私人部门的市场和代表第三部门的社会相互合作、竞争及制衡，弥补单方面供给公共产品和服务的不足。在满足公众复杂多变的需求方面，多元主体供给模式更为灵活和有效，因而受到理论界和各国政府的广泛认同。福利多元主义认为养老服务产品由传统的单一政府提供转变为由政府、市场、家庭、非营利组织、社区、志愿组织等共同来提供，有利于服务效率的增进和质量的提高。委托代理理论认为，在政府、私人组织、非政府组织之间，不同层级的政府或者政府部门之间，可以建立养老服务的多层次委托代理关系，委托人和代理人之间以契约形式将服务外包。即由政府购买，通过营利与非营利组织来提供基本养老服务。这样，作为初始委托人的需求方，各级政府和政府部门、营利与非营利性组织之间形成了多层级的委托代理关系。政府既是代理人又是委托人，营利与非营利性组织是养老服务的具体提供者，是最终代理人。

1971年，联邦德国的物理学家赫尔曼·哈肯提出了协同学理论，它的基本假设是：甚至在没有生命的物质中，新的、井然有序的结构也会从混沌中产生出来，并伴随着恒定的能量供应而得以维持。赫尔曼·哈肯等认为：协同学在社会科学研究领域内应用的重点是不同的社会主体之间的互相协调与合作，比如不同地区之间的合作或者不同部门之间的相互协调等。

公私合作（public-private partnership，PPP）模式指政府与私人组织之间，为了提供某种公共物品和服务，以特许权协议为基础，彼此之间形成一种伙伴式的合作关系，并通过签署合同来明确双方的权利和义务，以确保合作的顺利完成，最终使合作各方达到比预期单独行动更为有利的结果。我国养老服务领域的PPP模式呈现起点晚、发展迅速的特点。截至2016年6月，我国PPP项目投资总额为10.6万亿元，其中用于养老服务领

域的为1411亿元，仅占1.33%。PPP在养老服务领域中的应用最常见的方式是出资建立养老服务机构，即民办养老机构。北京、上海、江苏、浙江、吉林等9省市民办养老机构占比超过50%。

PPP模式的成功运行需要社会组织，特别是公益性组织提供重要力量。国外60%～70%的养老机构都是由社会组织提供的。德国的社会组织提供了60%以上的养老服务；美国社会组织承担的养老服务占总量的56%；在日本，各项养老服务供给的80%以上来自于各类社会组织。

在我国，由于社会组织发展不够，参与养老服务的广度和深度都非常有限。西方国家政府购买服务主要是采取公开竞标的方式选择服务承接方，这是政府购买服务的重要特征。有资质的社会组织均可参与竞标，通过市场竞争获取政府购买合同。竞争使服务专业、质量高的社会组织进入并停留在市场中，为社会组织的专业化发展和养老服务产业市场化、产业化打下了基础。我国社会组织的发展在我国，社会组织发展不成熟，资源整合能力与西方国家相比有较大差距，在与企业合作、承接养老服务上发挥的作用还远远不够。

2014年，全国登记有养老服务性质的社会组织2.84万家，约有从业人员30万人，总体数量偏少、服务质量偏低。2016年第4次中国城乡老年人生活状况抽样调查结果显示，当前我国失能半失能老年人口达4000万人，按国际照护比，养老护理人员缺口1000多万人。按照《全国民政人才中长期发展规划（2010～2020年）》提出的目标，到2020年，我国养老机构护理人员要达到600万人还存在很多问题。我国公民社会还没有形成，社会组织数量少、参与领域窄、自主性不高、专业性不强、缺乏持续的资金支持；内部治理结构不健全、管理不规范，组织松散。特别是我国大多数社会组织都缺乏独立性，对政府有较强依赖性，许多仍挂靠在政府名下，管理人员也较多来自政府部门。2020年，全国共有养老机构和设施31.9万个，其中公办养老机构比重达到45.5%。政府在购买养老服务时也倾向于选择依附政府的社会组织，缺乏专业性和竞争性，进一步制约了社会组织的发展。所以我国目前市场化的养老服务供给仍以政府推动为主，以社会力量为主的目标远未实现。

四、医养服务提供的新形势

社会网络对老年人生活机会的重构：个体生活机会的增加，拓宽了老年人信息和知识获取渠道。在网络上阅读新闻可增加获取信息的渠道、增加生活常识、拓展兴趣爱好，丰富日常生活、深入社会参与。语音、视频等网络功能增强了老年人与子女的异地代际交流，提升了家庭凝聚力和归属感，互联网赋予老年人更多的机会和能力，使其能够主动参与到养老过程中来，实现养老观念的转变。

根据马斯洛需要层次论，可将老年人的养老需要分为以衣食住行用为主的基本生存需要、以医疗康养为主的安全需要、基于家庭和社交的情感需要、社会认可的自尊需要以及自我实现需要等（图5-5）。这五类需要很大程度上受老年人身体健康程度的影响。对于失能、半失能老年人而言，生存和安全是第一需要。因此更多依赖家庭、社区、机构、康复中心、疗养中心提供服务。对处于活跃期的老年人来说，生存和安全需要基本能够得到保障，情感、自尊及自我实现需要是他们更迫切、更关注的需要。以家庭为中心、社区为半径开展的居家养老、社区养老、邻里互助养老、抱团养老，具有典型的群居特点，不仅能够保障老年人生存和安全需要，还能实现老年人的情感需要，是老年人彼此沟通交流的重要平台。譬如以老年协会为纽带，老年大学为场所的老年活动中心在满足老年人情感需要的同时，又满足了老年人终身学习的需要，有助于老龄群体保持价值和维持社交，体现了对老年人知识和能力的尊重。除此之外，以房养老和异地养老（候鸟式养老）也是满足老年人自尊需要的重要方式。以房养老是对老年人自由处置个人财产的权利尊重，也是对老人自食其力、自我养老的独立意识的尊重。异地养老是老年人根据个人情感意志自由选择居住场所的一种养老方式，体现了对老年人追求宜居生活的尊重。在流程图中，“互联网+养老”发挥着支持作用。

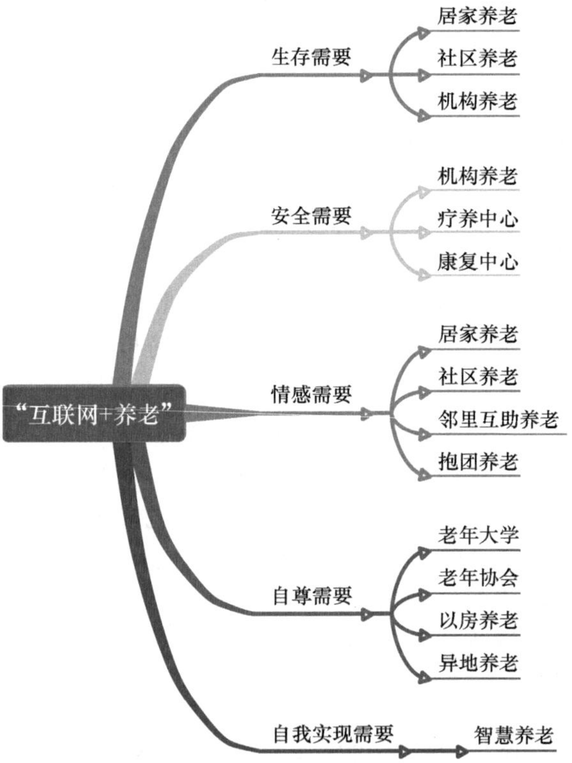

图 5-5 满足老年人需要的流程图

在老龄化背景下，面对家庭结构的小型化、核心化，以及老年人独居化、空巢化，智慧养老利用互联网的信息集成功能建立并完善了信息库，满足了老年人安全保障、健康监测、社会关系、护理康复等多层次需求。此外，运用大数据技术可以对智慧养老信息管理中心相关信息数据的挖掘、分析，为政府及各级主管部门适时调整相应的养老服务政策提供了数据支撑。智慧养老实现了养老服务信息资源的共享，养老服务内容、方式、渠道的整合。首先，智慧养老平台利用先进的技术设备使养老信息能够互联互通，解决了现实中存在的老年服务资源不足、配置不合理、供需不匹配等问题，实现了养老机构、社区、社会等养老资源的有效整合和优化。其次，智慧养老平台实现了服务供给方、服务提供方和老年人三者的无缝对接，家政公司、护理中心、敬老院、各种养老机构等服务提供方通过服务档案的动态管理、综合分析老年人的评价与反馈，及时转变发展思路，实现市场精准定位，使老年人获得的服务更加低价、高效、优质和便捷。智慧养老服务模式的主体结构见图5-6。

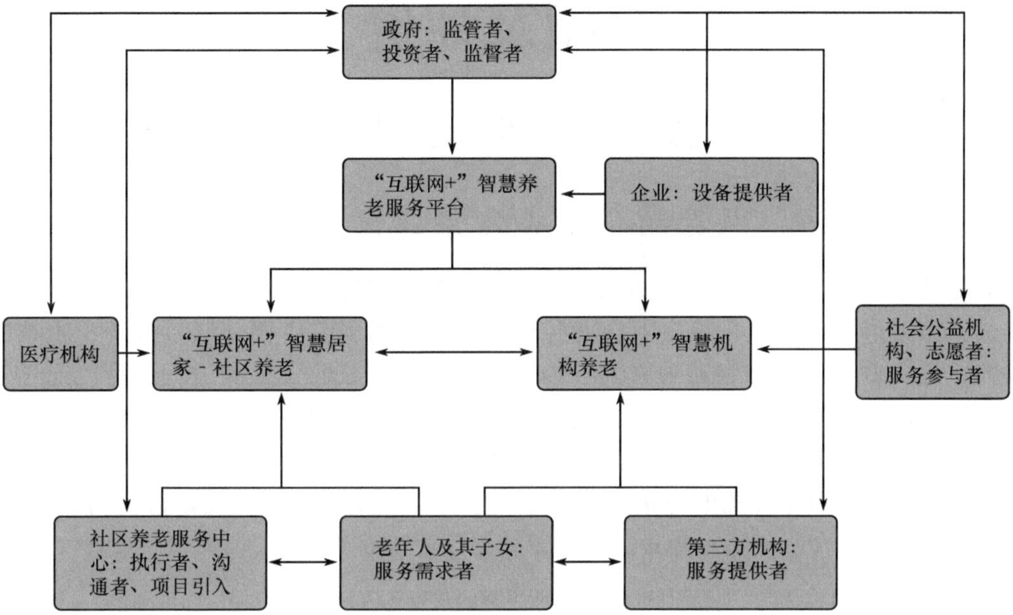

图5-6　智慧养老服务模式的主体结构

由于我国人口结构急剧转型，智能化、自动化等服务手段的运用一定程度上弥补了养老服务人力资源严重不足的缺陷，特别是对于我国目前3580万高龄老年人和近4200万失能老年家庭来说，大大节省了亲属的照料成本，提高了服务效率，一定程度上解决了人工不愿做、人工做不好，甚至人工做不了的养老服务，为求解“无人养老”（主要指没有人愿意做护理人员）困局提供了思路和实现方式。

本章主要介绍了医养服务供给的政策背景，并结合北京市朝阳区、广东省江门市、福建省厦门市的典型经验进行介绍；养老服务产品的经济属性、养老服务具有的家庭、机构养老服务两种模式；在供给侧结构性改革背景下养老服务模式的变化及案例分析及养老服务提供的新形势。由于不同地区的经济发展水平和方向存在差异，因地制宜地发展医养结合模式成为医养结合发展的重要路径。医养服务既需要现实家庭、社区和机构中提出的需求，进行资金投入和技术支持，也需要网络空间中的虚拟家庭、虚拟社区和虚拟机构以智慧化方式运作，进行资源匹配运作和服务提供。对于如何促进医养结合养老服务加快发展，本章以老年人生存、安全、情感、自尊、自我实现几个层次的需要满足为切入点，提高医养服务模式供给的满意度。对于全面加强养老服务研究，扩大养老服务供给、提升养老服务质量、推动养老服务高质量发展、更好满足老年人多样化多层次养老服务需求具有十分重要的意义。

第六章　医养结合国内外不同筹资模式介绍及评价

第一节　国内不同筹资模式介绍及评价

一、医养结合服务体系建设筹资渠道

筹资渠道是指企业取得资金的来源或途径，即从哪里取得资金，反映可供企业选择的资金来源渠道与供应量。筹资对企业经营理财业绩的影响主要是通过改变资本结构来实现的。筹资本身是一个相对独立的行为，它涉及企业获取资金的过程，可以通过发行股票、债券、银行贷款等方式进行。这种筹资行为直接影响着企业的资本结构，进而影响企业的财务状况和经营绩效。因此，筹资的决策和实施是企业经营活动中至关重要的一环，它直接塑造着企业的财务格局和未来发展方向。确定筹资渠道是筹资的必要前提。当前，企业医养结合服务体系建设的主要筹资渠道见表6-1。

表 6-1　企业主要的筹资渠道

筹资渠道		具体内涵
外部筹资渠道	国家财政资金	国家筹资的方式有多种，如税务减免、财政资金扶持等。该筹资渠道是国有企业的主要方式之一
	银行信贷资金	银行根据企业的信用等级、资产等情况，给予企业发放的贷款，该筹资方式是当前国内企业获得筹资的主要方式
	非银行金融机构资金	除银行之外，类似的非银行金融机构也可根据国家相关规定，向企业发放不同数额的贷款资金。常见的非银行金融机构有保险公司、证券公司、民间贷款机构等
	其他企业和单位资金	通过向其他投资企业、单位拉取投资的方式实现融资，其他企业的投资是企业盈利的方式之一，部分公司可以通过找寻投资方的方式获取企业生产运营的资金支持
	民间个人资金	通过发放企业债券、股票等方式，向民间直接获取资金
内部筹资渠道	企业内部资金	企业自由资金、应付税利和利息、未使用或未分配的专项基金等

社会民生服务中，医和养本身就是两个极为复杂的领域，加之医疗护理和生活照料的显著差异性，决定了医养结合服务天然具有复杂性，因而不难想象，相比其他社会服务如医疗服务的筹资过程，医养结合服务的筹资更为复杂。医养结合服务项目作为一个综合性项目，在项目落地过程中涉及诸多政府部门，因此选择筹资模式时应综合考虑这一情况。近年来，我国在国家层面和地方层面均进行了较多的医养结合筹资模式探索。如我国连续开展了两批长期护理保险试点；部分地区具备医疗资质的养老护理机构可申请纳入医疗保险定点范围；一些地区还尝试了直接补助、公共采购服务、房屋逆向抵押贷款等多元化的资金来源方式。这些方式有助于增加资金来源，提高服务质量和效率，同时也为老年人提供了更多的选择和保障。

相较于企业筹资，医养结合筹资模式包含的内容更多，它不但包括筹资，同时还包括资金的使用情况。

二、医养结合筹资规模及结构

（一）医养结合筹资规模

2012年以来，我国政府出台了一系列推进医养结合养老新模式的政策，以此来应对日益严峻的人口老龄化趋势。但是，尽管出台了一些针对性政策，仍有诸多困难摆在实施医养结合新模式的养老机构面前：缺少统一机构对医养结合式养老机构的申办、运行管理进行协调管理；筹资渠道较为单一，主要资金来源于医保资金，对医保资金的依赖度过高等。

医养结合养老新模式参与主体多而广，有医、养双重需求的老年人对费用要求更高，单一筹资模式不能满足运行资金需求，需要采取多元筹资模式。医养结合涉及政府、个人、企业、社会四个筹资主体，应从这四个主体出发，从政府财税支持、个人缴费、保险基金、企业筹资和社会捐赠五个渠道来探讨设计医养结合养老新模式多元筹资方案。总的来说，医养结合的筹资规模需要根据实际情况进行评估和规划，以确保机构的稳定运营和发展。

（二）医养结合筹资结构

1. 税收　是政府作为筹资主体，通过税收渠道筹集资金并分配和使用于医养结合领域的整个过程。一个国家决定征收何种税款取决于其经济发展和人们对政府的信任程度。税收筹资需要考虑人群支付税款的意愿和政府征收税款的能力。在经济运行良好，行政能力很强的国家，以税收方式筹资为卫生部门提供了极大的资金支持。税收途径及其具体内涵见表6-2。

表 6-2　税收途径及其具体内涵

税收途径	具体内涵
普通税收	是政府收入的主要来源，包括直接的个体和商业所得税和其他方面获得的税收，常见的税收包括海关税、贸易税、进口税等
通货膨胀	是一种隐蔽的税收途径。通货膨胀通过使一部分人成为名义上的高收入者，而将收入的更多比例以税收的方式转移到政府
专项税	一些国家建立了专门用于卫生的税收，如酒类、烟草、消遣娱乐等消费中收税

2. 基本医疗保险　是一种社会保险制度，旨在通过财政、用人单位和职工的共同承担来确定职工的基本医疗保障水平，以补偿劳动者因患病所造成的经济损失。该保险制度具有广泛性、共济性和强制性特点。参与者通过用人单位和个人共同缴纳费用建立医疗保险基金，以应对患病就诊的医疗费用，避免或降低因患病和治疗而带来的经济风险。此外，划转医保资金也是医养结合服务的筹资途径之一。

3. 社会基本养老保险　是国家和社会根据一定的法律和法规，为解决劳动者在达到国家规定的解除劳动义务的劳动年龄界限，或因年老丧失劳动能力退出劳动岗位后的基本生活而建立的一种社会保险制度。作为社会保险制度中最重要的险种之一，社会基本养老保险与失业保险、基本医疗保险、工伤保险、生育保险等共同构成现代社会保险制度。由于医养结合服务项目涉及养老部分，因此，养老保险也在该项目的筹资范围当中。

4. 私人保险　由营利或非营利的保险公司提供的，消费者自愿参加健康或养老保险项目，保险费根据个人疾病、养老风险特征和选择风险的保险业规定。征收的保费接近于可能发生的偿付费用加上管理费用和剩余利润。

5. 现金支付　当人们需要医养结合项目提供相关服务时，可能需要向该项目支付一定的费用，这就是现金支付。多数情况下，使用者付费是在公共筹资不足、政府有效分配医养结合资源能力缺乏、公立机构提供服务的效率低下、服务提供者收入水平较低、人们有意愿支付医养结合服务等问题存在的情况下发生的。

（三）医养结合筹资补贴方式

补贴指国家或政府为了实现特定的政治经济和社会目标，向企业或个人提供的一种补偿。医养结合补贴方式涉及政府如何将筹集的医养结合服务资金公平有效地分配给各个提供医养结合服务的机构或医养结合服务利用者。

从补贴对象角度来区分，政府对于养老事业的补贴有两种方式，分别是对供给方（如养老机构）的补贴和对需求方即入住老人的补贴。供给方的补贴主要体现在建设、床位、运营等方面的直接扶持，或者给予政策优惠之类的间接扶持。对需求方（入住老人）的补贴主要是通过差别化的护理等级来体现。只有以政府为主导制定补贴制度，才能保证社会养老服务有基本保障。

养老机构根据其投资主体不同区分为公办养老机构和民办养老机构（表6-3），政府对不同投资主体的补贴政策有所区别。

表 6-3　养老机构分类

分类	举办主体	性质	特点
公办养老机构	国家	福利性质	服务收费比较低
非营利性民办养老机构	民办非企业	非营利	可以享受政府的补贴和建设、税收、能源等优惠政策
营利性民办养老机构	民办企业	营利	自负盈亏、完全市场化，营利的收入可以进行分红

三、医养结合服务筹资模式

党的十九大报告指出："中国特色社会主义进入新时代，我国社会主要矛盾已经转化为人民日益增长的美好生活需要和不平衡不充分的发展之间的矛盾"。这一矛盾在养老领域则体现为人民群众对养老服务的需求日趋差异化、精细化、多元化、高端化、专业化、均等化。近年来，我国在医养结合服务筹资方面也积极进探索，政府为缓解老年人长期照护需求颁布了一系列政策措施。但相较于欧美发达国家，我国在医养结合方面的探索相对滞后，缺乏完善的老年长期照护筹资制度。通过归纳分析我国各级政府对医养结合筹资模式的探索实践，将我国医养结合服务筹资模式分为三类：以服务提供方能力建设为主的供给方筹资模式、针对需求方需求为主的救济性筹资模式及由医疗保险延伸出的长期筹资模式。

（一）以服务提供方能力建设为主的供给方筹资模式

起初，我国的养老服务的突出问题主要表现为供不应求，强化能力建设成为主要的筹资方式。根据医养结合服务的运营模式及提供的产品的性质不同，如公共产品或私人产品，采取不同的筹资模式。对于公共产品采取"公办"或者"公办民营"模式，对于私人产品（私立的医养机构）的筹资，以税收优惠政策、补贴等形式提供资金支持。

1.“公办”医养结合机构筹资模式　公办医养结合养老机构，属于政府编制，享受财政拨款，提供社会代养服务，所获得的收益不得用于分红，应当用于填补事业发展经费的欠缺及扩大再生产。公办医养结合机构根据运营模式又可分为公办公营、公办民营、公建民营三类，因而对应了三种不同的筹资模式（表6-4）。

表6-4　“公办”医养结合机构筹资模式

公办筹资模式细分	具体内涵
公办公营	由政府出资兴办并管理公有制医养结合养老机构
公办民营	旨在盘活现有存量，将已经办成的公有制性质的医养结合养老服务机构，通过改制、改组等交社会力量去管理和运作
公建民营	政府将其投资建设的医养结合养老服务机构，按照一定程度委托给具有相应资质的社会主体运营管理

“公办民营”与“公建民营”，一字之差，但却有着较大区别。公建民营更加关注发展增量，具有能够最大程度提高公共资源利用效率的优点，也是我国当前医养结合养老服务机构发展的主要途径。

“公建民营”筹资模式中筹资规模一般较大，筹资结构以政府投入为主，民资为辅，政府投资的主要来源为财政资金、社保资金和医保资金。筹资方式以政府投入为主，项目投产运营后，民资可根据市场规则进行资本化运营，但运营管理必须遵守政府相关管理办法。

2.“民办公助”筹资模式　“民办公助”指由民间力量承担起投资主体的责任，政府扮演着资助的角色，从而充分促使民间力量能够进入到医养结合体系当中，参与建设工作。政府的扶持资助并不改变其多种经济成分的所有制性质，其运行机制与管理机制更多地与物质利益结合，与市场体系的经济建立起联系，表现出更强的灵活性及时效性。政府的资助一定程度上可以将政府的意图、老年人的需求及医养机构发展需要坚持的正确方向融入进去。政府可以随时对机构进行一定的干预和影响，确保其公益性、福利性，使得民办医养机构能够更好地为老年人提供服务。

“民办公助”的筹资规模一般也由筹资主体的资金实力和发展需求来决定，其资金来源包括政府、个人性质的投资、入住者的缴费等多元化的方式，其筹资方式为吸收直接投资，向银行借款等。根据政府补贴形式的不同，“民办公助”筹资模式又可细分为以下几种形式（表6-5）。

表6-5　“民办公助”筹资模式

“民办公助”筹资模式细分	具体内涵
民营公补	政府以运营补贴的形式扶持医养结合养老服务机构体系的建设及发展
民用公买	政府为特定老年人群体购买医养结合服务，是一种以补助服务需求者进而间接补助服务提供者的思维，也能够实现政府部门对民营性质的医养结合养老服务企业予以扶持的效果
民学公培	政府将承担医养结合行业体系当中养老护理工作人员相关培训与教育的费用
民营公保	政府为养老服务健康运行提供保障，即通过实行税费优惠政策、加强服务信息化建设、加强服务监管与评估，这是全面助力民营性质的医养结合养老服务体系处于稳定与健康运行状态的坚实保障

3.“民办民营”筹资模式　民办民营医养结合养老机构指由社会团体或个人投资兴

办、为老年群体提供生活照料、精神慰藉、紧急救援等养老服务的机构体系。民办医养结合养老机构一般在主管机构登记注册取得独立法人资格后进行营利性或非营利性的医养结合服务活动。如今，人口老龄化问题日益凸显，家庭所展示出的养老功能越发弱化，公办医养结合养老机构不足以满足社会医养服务需求，对于民办性质的医养结合养老服务体系，国民所表现出的需求欲望持续强化。

"民办"筹资模式的筹资规模由筹资主体根据其资金实力及发展需求来决定，其筹资结构基本上以民资为主，筹资模式主要包括直接性质的投资、向银行进行借贷、对股票或债权予以发行等多元化的内容。

（二）针对需求方需求为主的救济性筹资模式

我国针对"三无"老人及"五保"老人群体提供的救济性服务是社会性养老服务体系的关键构成要素。如今，国内的老龄化趋势越发明显，低收入人群的养老问题成为社会体系建设的关键。对此，中共中央明确指出："在机构性质的养老服务板块中，其主要是为'三无'老人、收入水平相对较低的老人、经济上存在困难的失能以及半失能的老人群体提供或者购买相应的供养或者护理性质的服务"。这种以救济制度为基础的筹资方式旨在确保资源的公平分配和有效利用，帮助那些真正需要帮助的人群获得必要的支持和服务。我国多种制度安排都涉及针对需求方的救济性筹资，如社会救济/救助制度，政府为老年群体提供吃、穿、住医、葬方面生活照顾和物质帮助等社会救助；如长期照护服务补贴，政府通过服务券等方式为老年人群体购买长期照顾服务。

（三）由医疗保险延伸出的长期筹资模式

面对日趋严重的人口老龄化问题，中共中央在2015年召开的十五届五中全会中上明确提出"对长期有效的护理与保险机制予以探索和创建"。2016年，随着习近平总书记强调："要建立相关保险和福利及救助相衔接的长期照护保障制度"，人社部开始推行长期护理保险制度，并在全国针对性地选择15个城市进行试点。从国内外发展趋势及经验来看，长期护理保险制度应该是未来筹资额极大、影响力极强的筹资方式。根据不同城市的探索经验，试点方式主要有两种：

1. 将医疗护理纳入医疗保险 老年人在医院、康复院等机构可以获得食宿、日常照料之外的长期护理、康复服务，所需费用由医疗保险资金支付。从2010年开始，江苏省太仓市开始尝试建设医养结合式养老院和护理员院，针对患病卧床的失能老人给予医疗保险报销。在8家机构中，共有590张医疗护理床位被纳入医疗保险保险范围。

2. 积极探索长期照护保险 我国国内目前实行的长期照护保险大多属于商业性质，且处于起步阶段。《健康保险管理办法》也把护理保险视为独立的健康险种之一。保险企业目前推广和应用的长期护理商业保险类产品，均以保险对象丧失生活技能为基本条件。但是，以政府财政资金推动养老照护保险制度的探索已经在部分地区开始。如青岛市建立了长期护理保险制度，资金筹集方式为对基本医疗保障统筹金予以调整；江苏省推行了养老护理保险制度，个人、政府和保险公司三方共同分担风险。

四、部分地区的筹资模式及其评价

（一）青岛市筹资模式及其评价

1. 青岛市筹资模式　青岛市是国内率先探索长期医疗护理保险制度的省市之一。2012年，青岛市公示了《关于建立长期医疗护理制度的意见（试行）》，正式启动对长期护理险等系列保险制度的探索。

青岛市长期医疗护理保险的筹资渠道包括：①医保统筹基金划拨：这是筹集职工护理保险资金的主要方式，通过从职工基本医疗保险统筹基金中划转资金。②医保个人账户代扣：在职工基本医疗保险个人账户中代扣资金，用于支付居民护理保险费用。③财政补贴：政府通过财政补贴的方式为长期护理保险提供资金支持。④福利彩票公益金划转：福利彩票公益金是社会福利资金的重要组成部分，通过划转福利彩票公益金为长期护理保险提供资金支持。⑤社会捐赠资金：社会爱心组织和人士可以通过捐赠的方式为长期护理保险提供资金支持。

此外，青岛市还规定了不同人群的筹资渠道：①职工护理保险资金：主要通过职工基本医疗保险统筹基金划转、在职工基本医疗保险个人账户代扣、退休人员基本医疗保险个人账户划入及财政补贴进行筹集。②居民护理保险资金：主要通过划拨居民社会医疗保险个人缴费资金、居民社会医疗保险财政补贴资金进行筹集（表6-6）。

表 6-6　青岛市长期护理保险具体资金构成

筹资对象	筹资渠道	筹资标准
城镇职工基本医疗保险参保人	职工基本医疗保险统筹基金划拨	按0.3%的缴费比例从医保基金划拨
		按0.2%的比例从医保个人账户代扣
	财政补贴	30元/人/年
城镇居民基本医疗保险参保人	居民社会医疗保险个人账户按年度划拨	≥10元
	居民社会医疗保险财政补贴按年度划拨	≥20元

资料来源：2021年《青岛市长期护理保险办法》

2. 青岛市筹资模式评价　青岛市通过长期护理与保险制度整合各方资源，实现了医、养、康、护四位一体的全新服务效果，医养融合之路逐渐拓宽。2015年，青岛市政府因在医养融合服务模式方面的探索而荣获“中国政府创新奖”。

青岛市政府在长期医疗护理保险制度方面的探索，开创了国内运用社会医保统筹基金支撑长期照护服务的先河，产生巨大的积极影响，为我国探索与国情相适应的社会养老服务资金筹措模式提供了非常有价值的参考。但与此同时，青岛市政府长期医疗护理保险运行也存在着较多问题，主要表现在：①筹资渠道单一，过度依赖医疗保险基金，容易陷入筹集资金不持续的困境。②筹资标准较低，以青岛市居民护理保险为例，其资金按30元/人/年的标准进行划转，仅为以定额征收方式试点的重庆市筹资标准的1/5，较低的筹资标准不利于满足参保人群需求。③非差异化的筹资标准也会造成筹资的不公平性，极易导致未来保险资金供应不足。④筹资各类主体权责划分不清，缴费个人、企业均无相应的筹资责任，青岛市政府是唯一责任主体，起着“兜底”作用，但与此同时，并未明确政府的前置或后置责任，容易造成政府财政支出的不平衡。

（二）上海市筹资模式及其评价

1. 上海市筹资模式　自2014年以来，上海一直在积极探索和推进医疗卫生与养老服务体系的融合发展。2015年，上海市民政局、卫健委等部门联合发布了《关于全面推进本市医养结合发展的若干意见》文件，其中明确了将社区卫生服务中心作为医养结合支持平台的工作思路。

首先，积极倡导社区的卫生服务中心及养老或社区的托养机构建立合作关系，积极进行医疗巡诊、慢性病管理等不同层次的医疗与卫生服务，以应对养老与托养机构中潜在的老年医疗护理供需体系的矛盾状况。

在实施医养结合战略时，上海主要依赖社区性质的卫生服务中心作为平台，其主要作用是整合医养资源并推动医疗资源系统有效覆盖。根据社区卫生服务中心内入住的老年人及居家与社区养老群体的医疗服务需求，该中心向不同类型的老年群体提供有针对性的医疗服务。

其次，积极鼓励养老机构采用委托、合作等多样化模式在社区卫生服务中心购买相应的护理服务，这些服务机构可以上门为老年群体提供基础医疗与护理服务。

上海市的医养结合机构体系的资金来源主要依靠财政拨款，占比达到57.3%。自筹资金占比25.8%，而其他性质的资金占比16.9%。自筹资金中，大部分来源于银行贷款与自由资金融合。用地方面，政府给予的补助占比60.7%。其中，无偿拨付用地占比为43.8%，借助较低价格租用的土地占比为16.9%。而通过市场租赁的土地占比为34.8%，购买土地使用权的比重为4.5%。

自2017年开始，上海市在徐汇、普陀、金山三个区开展了长期护理保险试点。试点涵盖了社区居家、养老机构照护及住院医疗护理三个方面。试点期间，失能程度达到二至六级，且在评估有效期内、年龄60岁以上的参保人员可以享受长期护理保险。试点方案针对以下两类群体：①上海市内参与城镇职工医疗保险的人群：用人企业与职工共同缴纳，缴费率为1.1%，基数分别为1%与0.1%。②上海市内参与居民医疗保险的人群：人均筹资标准略低于第一类人群，个人缴费比例约为15%，其余部分由市、区政府的财政体系承担。

2. 上海市筹资模式评价

（1）服务可及性：研究显示入住老人的收入来源主要是退休金和养老金。根据市民政局资料显示，2018年，上海市60岁及以上老人平均养老金为4278元/月。50%受访老人收入水平为3000～5000元，18.9%的受访老人在退休金和养老金之外同时有家庭成员供养，8.9%受访老人同时有财产性收入。老人在养老机构的支出≤5000元的占受访老人的69.8%，与老人收入较为匹配。老人在养老机构的支出＞5000元的占比30.2%，其中≥10 000元占比5.8%（主要集中在民办养老院）。失能半失能老人家属在养老服务上的时间与金钱均要付出更多。通过对15名失能半失能老人家属的调查发现，家属陪伴老人时间更长，几乎全天陪伴的占调查对象的66.7%；赡养支出上，每月2000～3000元占50%，3000元以上占50%。由此可知，收入水平处于中低水平的群体无法全面依靠自身的能力享受养老机构的服务。

（2）服务公平性：在上海市的医养结合服务中，收入越低的群体对机构服务的利用越不足。由于补贴需求方的筹资力度不足且公平性欠缺，无法释放收入处于中低水平的群体的潜在需求。因此，享受机构养老服务的大部分是中高收入群体，再叠加补贴供给方的筹资方式，导致政府对供给方的补贴间接流向中高收入群体，加剧了不公平程度。

（3）资金使用效率：鼓励居家照护和非正式家庭照护是提高资金使用效率的途径之一。上海对居家照护的重视程度虽然很高，但是，对居家的养老服务予以购买的主要方式依然是服务券，使用范围也仅限于特定的服务机构与组织，无法为家人给予替代性支付，也不得用于抵扣自请保姆的费用，更加没有鼓励子女和老人同住等优惠政策。因此，上海市内的医养结合筹资模式虽然在一定程度上激励了服务的提供群体，但并未真正实现对居家照顾等服务需求的刺激。

（三）苏州市筹资模式及其评价

1. 苏州市筹资模式　2016年8月25日，苏州物价局、财政局、人社局、卫计委联合发布了《苏州市基层医疗卫生机构医疗服务项目（家庭诊疗）价格目录》，明确了家庭病床和上门服务的收费标准。其中，家庭病床的建立费用由医保基金全额支付，每人50元；上门服务则被视为门诊出诊的一部分，按次数计费，每人每次50元，其中40元由居民自费，10元由政府补助，这些费用均属于医保范畴，每月或当日结算一次，参保患者可以在三个月内完成结账。这些标准的明确和公示有助于提高医疗服务的透明度和公平性，保障老年人的健康权益。

在建设医养结合养老服务体系的过程中，苏州市政府更加关注老年群体潜在的医疗服务需求的有效满足，更加关注供给体系的优化。苏州市政府运用政府扶持、部门合力等多元化的模式，探索形成了“住、养、医、护、康”五位一体的医养结合养老服务模式。同时，集合机构、社区、居家三个板块的创新体系正在建设过程中。

2. 苏州市筹资模式评价　苏州市政府在医养结合探索之路上仍然面临诸多挑战，主要体现在：①养老机构医疗服务工作难度大：养老机构自身开展医疗服务工作难度较大，部分原因可能在于医疗资源的不足和专业人才的匮乏。②医保政策制约：目前部分地区的医保政策可能尚未完全覆盖养老机构的医疗服务，这在一定程度上限制了养老机构提供医疗服务的范围和深度。③医疗资源有限：医疗机构体系内部的资源与动力相对有限，导致医养体系的界限难以明确界定，影响到养老机构与医疗机构之间的合作和协调。④人才短缺：专业的医护工作人员匮乏，人才“瓶颈”问题始终存在。⑤老年群体信任问题：老年群体对政府部门表现出的依赖性比较强，对民办性质的机构所表现出的信任水平有限。

五、不同模式的医养结合机构管理

（一）参与医养结合提供服务元素

由于医疗、养老提供服务的元素较多，因此医养结合的模式也多样化。

根据统计年鉴分类，涉及医疗服务元素包括：医院［综合医院、中医医院、中西医结合医院、专科医院（如康复医院）、护理院］不包括专科疾病防治院、妇幼保健院和疗养院。基层医疗卫生机构［社区卫生服务中心（站）、卫生院（街道卫生院、乡镇卫生院）、村卫生室、门诊部、诊所、卫生所、医务室、护理站］、专业卫生机构、其他医疗卫生机构：疗养院、卫生监督检验机构等（图6-1）。

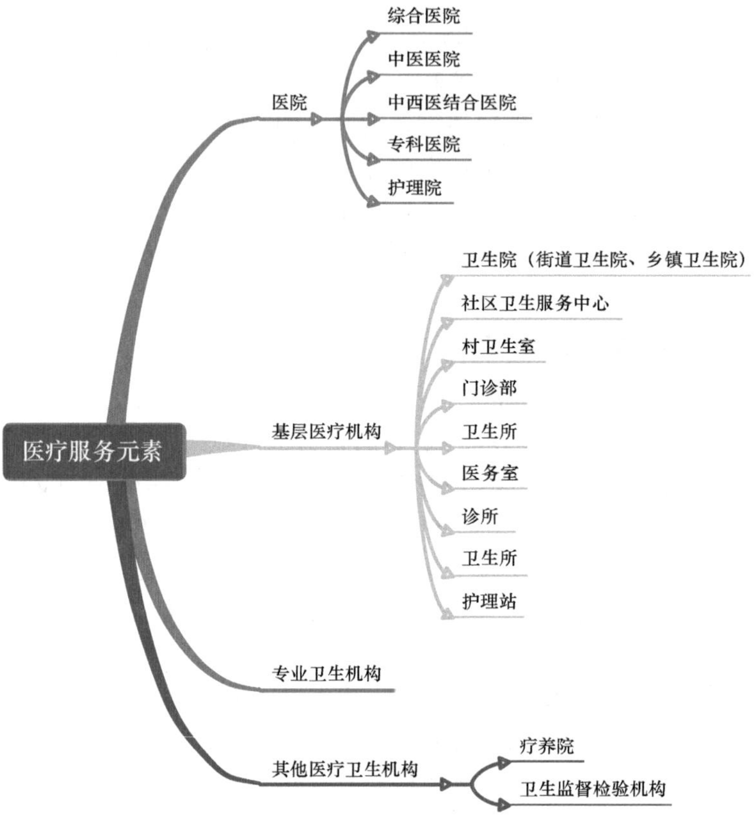

图6-1 医疗服务元素

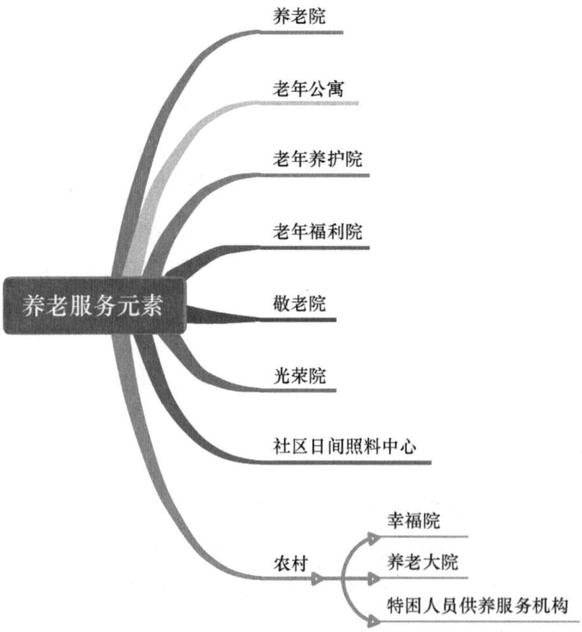

图6-2 养老服务元素

根据养老产业统计分类（2020），养老服务元素包括：养老院（正常或轻度照顾）、老年公寓（自理能力较强）、老年养护院（中重度失能）、老年福利院、敬老院、光荣院、社区日间照料中心，农村有幸福院、养老大院、特困人员供养服务机构等（图6-2）。

目前我国医养结合尚处于探索阶段，不同服务元素的组合形成不同模式呈现出多样化。根据服务对象来看，主要包括三种医养方式，分别是机构医养结合、社区医养结合和居家医养结合。机构养老是一种以养老、医疗机构为主导的社会化养老服务模式，旨在帮助老年人解决日常生活中困难。这种模式包括给老年人提供饮食、生活照料、健康管理及各类文娱活动等多元化服务。社区养老以社区为主，为老年人提供日托服务，整合社会各方资源的养老模式。居家养老是以家庭为中心，以社区为基础，为家中老人解决日常生活困难为主的养老服务。这种服务通常是由专业培训的护理人员到老人家中提供照顾。

（二）医养结合的主要管理模式

机构医养结合包括多种模式，如养老为主医疗为辅型、养老医疗并重型、医疗为主养老为辅型，医养康一体型等。

1. 养老机构内设医疗机构 根据国家政策规定，养老机构可根据服务需求和自身能力，申请开办老年病医院、康复医院、护理院等，也可内设医务室或护理站，提高养老机构的基本医疗服务能力。养老机构按照国家标准设立满足本机构养老需求的床位，配备专业医疗团队，同时还可设有综合科、康复科和医技科室等。在设置审批上不再需要医疗机构行政审批，而是实行备案管理。

目前，在北京、上海、重庆等地有部分养老机构设立了医疗卫生机构。内设医疗机构大批纳入医保定点。2019年底北京526家养老机构中有143家内设医疗机构或者引入了医疗机构分支。重庆第一社会福利院设立了福康医院，是经卫生行政部门审核批准的一所集医疗、预防、保健、康复于一体的综合性、非营利性的规范化医院，是重庆市基本医疗保险定点医疗机构。医院设有门诊部、住院部，有内科、外科、儿科、妇科、中医科、康复理疗等科室，重庆医科大学附属第二医院为该院指导医院。

优劣势分析：该模式是在养老机构的基础上新建小型医疗机构并增加医疗服务，侧重于老年人护理，治疗为辅。现阶段许多养老机构采取这种模式开展医养结合服务。可以让老年人在常住环境下获得持续性医养一体化服务。但该模式也存在明显不足，表现在内部设置的医疗机构通常只具备门诊功能，无法满足直接住院问题。此外，医疗机构的高昂运行费用对养老机构来说压力较大，很难维持长久经营。

2. 医疗机构设养老机构 该模式主要是由大型医疗机构新建小规模养老机构。如重庆医科大学附属第一医院创办的青杠老年护养中心、北京胸科医院改建的老年病医院、蓬莱市中医院建设的蓬莱市中医院涌泉康护中心（山东省首个医养结合的养老中心），为此类养老机构的典型代表。

重庆青杠老年护养中心是重庆医科大学附属第一医院建立的全市首家护理院，也是中国大型公立医院下属的第一家护理院。护理院设置床位五百张，涵盖了如全科医疗科、内科、外科、急诊科、康复医学科、中西医结合科、临终关怀科等专业科室，旨在向老年人提供长期医疗护理、康复等服务。该中心以重庆医科大学附属第一医院强大的医护力量作为支撑，并与它建立双向转诊通道，同时还配备了三甲医院医疗设施设备来满足患者医疗需求。该中心还配备救护车，以便及时转运突发疾病的老人至主院区，主院区各专科将全力协助保障患者的生命安全。青杠老年护养中心是中国首家享受医保覆盖的老年护养中心。在此接受治疗的老人医药花销都可以获得医保报销。该中心通过与综合医院的功能互补，不仅缓解了大型公立医院因人多导致等待时间过长难题，同时也解决了养老区老人医疗救治，降低了患者的住院费用，还弥补基层机构对疑难杂症诊断处置能力的欠缺问题。

优劣势分析：这种模式充分利用了医疗的专业性与养老机构的福利性，给老年人提供了全面的生活照料。它能给入住的老年人带来专业且全方位的医疗护理，减少他们需要频繁往返于医院和养老场所的时间及额外支出，也有助于解决医院“压床”等难题。然而，这个方法也存在一些缺陷。目前我国医养结合尚处于起步阶段，三级综合医院对老年人的吸引力大于基层医院。因此，这些基层医院设立养老机构缺乏竞争力，同时，现有的医疗保险报销制度也不够完善。

3. 医养协作签约 该模式多应用于不具备设置医疗机构的养老机构，与邻近的医疗机构签订合作协议，通过医疗服务外包或者建立医疗服务绿色通道的形式实现医养结合。具体实施中医疗机构对养老机构的服务人员进行培训，对养老机构老年人进行健康教育，在老年人生病时根据协议开通绿色通道诊治，在病情稳定或康复后返回养老机构，形成双向照料模式。

如北京老年医院，2019年已与多家养老机构合作，为50余家单位提供远程医疗，依托互联网实现信息共享，同步管理健康档案，实现快捷诊疗。医院临床科室全部开通在线远程会诊（咨询）服务。2014年初，湘潭市华新老年公寓由湘潭市第三人民医院与华新养老服务机构积极探索“医养联合运行”的合作模式。该公寓由湘潭市第三人民医院提供医疗服务，养老机构提供康复期或稳定期的护理服务，并建立转诊绿色通道。医院为华新老年公寓的每个老年人建立了健康档案，并提供定期上门义诊服务。

优劣势分析：签约模式下的养老机构与医疗机构仍属于相互独立的单位，只是在合作范围内为老年人提供需求。这种模式既能较好地满足养老机构老年人的医疗需求，又能解决了养老机构的医疗保障压力，充分发挥了综合医疗机构的技术、设备、急诊急救的优势，是一种“三赢”的优秀资源配置的合作方式。这种模式更为灵活，医疗机构根据检查报告给老年人制定预防保健和治疗计划。同时，根据其健康档案提供便捷就诊服务，如开通绿色通道或邀请专家坐诊。但是在实际运作过程当中，医疗机构内本身医护人员工作量加大，难以为老年人提供完善的医疗服务。另外，“强强联合”容易造成两极分化，依然难以满足大众需求。

4. 医养签约模式 社区日间照料中心和社区卫生服务机构等签订合作协议。在保证医疗和养老机构独立运营的前提下，设立了双向转诊制度，老年人可以在这两个机构之间轮流就医。但所开展的服务主要是基本公共卫生服务，基本医疗服务相对较少。

如上海市莘庄社区卫生服务中心与社区养老服务机构实行签约模式：双方保证各自管理体系独立前提下，通过托管方式让主治医生或专业的医护队伍定期到已签约的养老机构提供诊疗工作。有需要就医的老年人可以利用绿色通道直达相应的医院接受治疗。黑龙江省哈尔滨市112家社区卫生服务中心与日间照料中心签订服务协议，将老年人预防保健、健康管理、医疗卫生、康复护理、心理健康等落实到位。

优劣势分析：这种模式是由社区养老机构和医院基于现有资源经过协商达成的一种整合形式。利用专业的机构来为老年人提供医疗服务，不需要额外投入，节省经营开支；以坐诊、巡诊等方式，使老年人获得连续性服务，并减少了看病流程，减轻其经济压力，有助于提升老年人生活质量。但是，由于许多医、养机构在协作过程中没有建立有效的利益平衡机制和限制措施，如果一方权益受损时，另一方可能会轻易退出。另外，因为基层医疗机构受到分配制度的影响，经费常常难以分给个人，从而影响了他们的积极性，使得这种协作模式的稳定性差，此外，双方共同管理容易导致责任不清，若发生责任事件容易推诿，使老年人的合法权益得不到保护；目前缺少独立有效的综合管理体系和第三方的评判机制。

5. 托管模式 该模式有多种形式，可以由社区卫生服务中心托管日间中心养老机构，或者养老机构托管社区卫生服务中心。该模式主要依托社区医养资源，给养老机构居住的老年人提供全周期的健康管理服务。目前托管服务多见于一些小型社区养老机构，它们往往承担不起医务室的成本，通过外包委托给医疗机构。

优势分析：托管模式，如社区卫生服务站运营老年人日间照料中心，可以有效解决对老年人专业服务不到位、配套服务跟不上的问题，能够更好地迎合并满足老年人的特定需求。从提升资源分配效率和推动养老产业化发展角度来看，社区卫生服务站（中心）作为实体性的组织，通过它来运作老年人日间照料中心，实现所有权与经营权分离，这不仅消除了由社区居委会管理运营带来的制度不顺和产权不明的问题，也有效地解决了老年人日间照料中心设备空置的情况，同时还化解了社区卫生服务机构场地不足的矛盾，实现了资源共享，是社区层面实现医养结合极为快捷的途径。

6. 整合模式 该模式是在社区内医疗或养老机构中，充分利用各自服务功能来探索养老或医疗服务。这种模式主要在社区层面，以由养拓展医护居多。如北京市朝阳区“养老驿站内设护理站”模式，它把专业护理融入到社区养老，拓展了养老机构的服务功能。深圳市翠岭社区健康服务中心建立了健康养老服务中心，除常规的社康中心功能外，还有康复医学科、短期托养区、日间照料中心等，全方位满足老年人各类需求。这种模式主要适用于增量的社区新建的养老设施，可以大力推广。这种整合型的服务可以满足老年人的日常需求，包括生活照料、基础医疗、专科护理、康复护理、中医养生等服务，实现“社区护理+居家护理+医疗衔接”三大功能。

优劣势分析：以社区辐射的形式开展养老服务是以社区居民为中心，利用周边医疗卫生和生活服务的闲置资源，通过社区、家庭和机构有效协同，为老年人提供熟悉、舒适和专业的养老和医疗服务，实现需求和服务的完美匹配。此外，采用市场化方式可激发各个服务主体的积极性。但养老机构在整合过程中可能会面临风险规避的问题，尤其是在提供专业医疗护理服务方面。这可能导致养老机构的覆盖人群出现结构性缺陷，即基本生活能够自理的老年人可能得不到充分的服务。此外，扩大规模和服务项目时，可能会遇到人员招募不足和缺乏职业素质的问题。这表明养老机构需要更多专业化和系统化的培训，以确保服务质量和效率。

7. 居家医养结合 在健康中国战略背景下，推动社区居家医养结合服务已成为了应对新时代人口老龄化的必然选择。

（1）嵌入式居家养老：该模式主要是具备资质的医疗机构或护理机构为居家老年人提供健康服务，助老服务则由养老机构来提供。如上海市首先通过专业评定机构对老年人护理需求进行评价，根据评价结果提供不同服务。民政部门主要通过政府采购方式，让居家养老服务中心、社区日间照料中心等向社区居民提供上门养老服务，卫生部门则依托社区卫生服务中心实施家庭医生服务，为老年人提供上门医疗护理服务、健康预防、健康咨询等。此外，还有“以一带多”的区域医养联合体模式，如北京市羊坊店街道、广州市天河区珠吉街社区开展了类似探索。其中，羊坊店街道以医院为中心，联合街道、居委会、辖区医院、社区卫生服务中心等，将服务深入到每个家庭。其中社区养老机构主要提供“助洁、助餐、助浴、助行”等服务，卫生机构提供巡诊、家庭病床、护理等服务，满足老年人健康管理、疾病诊疗、康复护理等需求。

优劣势分析：这一模式较易开展，有助于充分发挥各机构专长，方便老年人获得服务。然而，它的费用较高，只有少数地区将长期护理保险试点范围及将上门服务纳入医保；时间和人力的投入较大，资金可持续性低；此外，服务的质量仍需提高。

（2）智能穿戴居家养老：这种模式为居家老人配备穿戴式监测设备，医养结合型的机构（社区、医院）对老年人的生活和身体状况进行远程监测，给予身体监测数据设计服务方案。如重庆市渝北区将养老服务与物联网、人工智能等新技术相结合，利用智能技术来实现老年人服务的全面化和多样化，通过建立“线上+线下”的服务模式以涵盖城市与乡村的所有老年人。渝北区已经建立了“智慧养老云平台”的信息系统，老年人可以通过下单获得上门服务。从2016年开始，渝北区政府采购引进专业公司服务，创建区级居家养老服务中心，并开发“互联网智慧养老云平台”。借此平台，有十余名专业的客服人员可以全天候地为老年人提供如急救、咨询、精神安慰等服务；而另外一百多位专业助老员能够随时准备为他们提供上门照顾。一旦护理人员接到订单，就会立即为老年人提供诸如送餐、看病、应急处理、出行协助等服务。

优劣势分析：智能穿戴能够突破时空限制，为老年人提供线上线下优质服务，全面提高老年人生活质量。虽然智慧穿戴需求很高，但实际使用率不高，极为明显的就是紧急呼叫系统和跌倒监测报警器等健康报警系统。目前该种模式以试点居多，不管社区还是医院由于医疗业务比较繁重参与度不高，企业热衷开发此模式，但缺乏有效的市场化运作。该种模式更多应融合其他的模式一起进行。有政府和社区的强力支撑。

（3）长期护理险（简称长护险）居家养老：长护险为长期失能人员提供基本生活照料和与之密切相关的医疗护理提供服务和资金保障的社会保险制度。对于年龄超过60并参保的老人可以选择加入老年照护。经过全面的需求评估后，如果评级结果是2到6级，这些失能老人的护理工作就由定点护理服务机构去完成。这种家庭长护险有助于延缓失能、失智老人躯体功能下降，并且能够有效的管理和改善老年人的心理健康状况。这一居家养老模式目前主要针对享受长护险的城镇职工，尽管受到了居民欢迎，但其产生的社会费用相当庞大，同时医生从医院前往患者家中的时间和精力消耗也很高，相较于让这些老年人进入养老机构接受专业的“院护”服务，此种方法并没有带来最佳的资源利用。

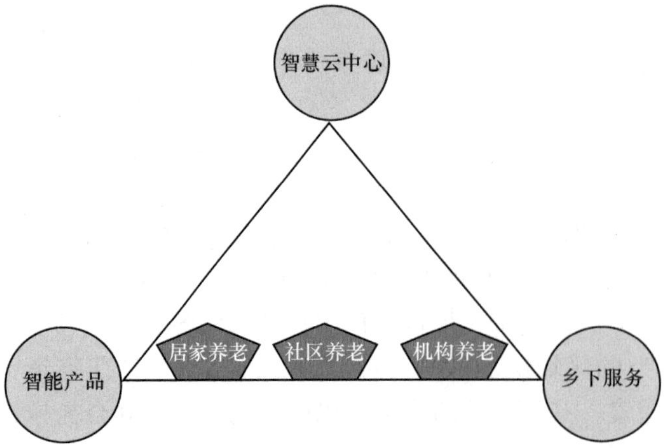

图 6-3　重庆市渝北区智慧养老服务生态

未来发展：随着分级诊疗制度的推进，以医联体为单位的养老模式成为未来发展一种趋势。例如，重庆市渝北区龙山街道形成的以“安康通互联网+智慧养老云平台”为基础，由机构、社区、家庭三级联动的养老服务体系（图6-3）。在龙山街道，社区养老服务中心利用百龄帮龙山老年养护中心护工团队、医疗团队、文娱团队等多种资源的优势，构建辖区“15分钟养老服务圈”，激活了街道的社区养老服务，有效地降低运行费用。在渝北区，中心带站模式已发展成为满足当前社区养老多样性和高品质需求的重要途径。此外，随着互联网在医疗和养老领域的不断推广，智慧养老成为新型医养结合模式。

总之，我国养老服务体系虽取得了明显成效，但也要根据内外需求变化进一步升级。从老年人个体而言，可以根据自己的情况灵活选择不同的不同模式的养老服务。养老资源应当具备全面性和互补性，不应仅局限于制度上的划分或过分强调某个特定类型的养老方法。老年人的养老模式选择是动态、复杂且系统的过程，并受多种因素影响，相应的养老服务体系供给应与时俱进。

第二节　国外医养结合筹资模式介绍及评价

一、国外医养结合筹资模式

在人口老龄化进程加快及慢性病日益普遍的双重压力下，国外部分发达国家积极探索整合医护服务与养老服务的长期照护保障制度，积累了丰富的经验。

长期照护筹资较为成熟的主要是经济合作与发展组织（OECD）成员国家，我国可以借鉴这些国家的模式，并根据我国的社会情况建立相适应的模式。根据公共筹资来源及政策对象资格两个因素，可将OECD成员国家筹资分为六种模式（表6-7）。

表 6-7　OECD 成员国家筹资模式

分类	筹资来源	具体内涵	代表国家
单一普惠型	税收	以单一制度覆盖失能者的所有服务需求，根据失能程度提供补贴	北欧诸国
单一普惠型/长期照护保险	社会保险	独立的长期保险或社会医疗保险的一部分	德国、日本、韩国、荷兰、卢森堡、比利时
补缺型安全网模式	税收	当满足国家规定的相关规定的收入限额时，可以采取该种筹资模式	美国、英格兰
由不同制度覆盖的普惠型	税收，社会保险	不受收入的影响，将失能情况作为主要衡量标准；通过不同的法律制度规定不同的服务	捷克、意大利
累进制普惠模式	税收	人人享有筹资资格，筹资多少受收入影响，收入越高补贴越少	澳大利亚、奥地利、法国、爱尔兰
混合型	税收，社会保险	部分服务面向大众，部分服务用补缺方式	瑞士、新西兰

在大多数国家，长期照护服务包括医疗护理和社会服务。从表6-7可以看出，只有美国和英格兰采用了以社会保险为基础的筹资模式，实行了补缺型安全网模式。而约1/3的国家采用单一普惠型模式（包括税收和保险）来覆盖长期照护筹资。其他国家则采用混合型模式。因此，整合多项制度以提供长期照护服务，并在不同制度之间实施不同的筹资原则，都是具有合理性的。

二、部分国家医养结合筹资模式及评价

（一）美国医养结合筹资模式及评价

1. 美国医养结合服务模式　美国的长期照护服务模式可以分为两种类型：全面的老

年人服务项目模式和长期急症护理、长期护理院模式。老年人服务项目模式（program of all inclusive care for the elderly，PACE）模式主要针对机构养老中的失能、半失能老人，以及55岁以上需要医护服务的社区老人。参与该项目的机构必须提供初级保健、诊疗、护理、日常照料等在内的综合性服务，并在按人计费的固定额度下达到一定的服务质量，自行统筹运用，承担财务亏损的风险。长期急症护理（long-term acute care，LTAC）模式主要针对慢性重症失能老人。在医疗机构平均住院时间超过25天的失能老年患者，则进入长期护理院接受长期康复。

2. 美国医养结合筹资模式 美国的长期照护采用基本安全网模式，仅向少数贫困和失能人口提供服务，而其资产审查机制十分严格。长期照护费用主要由医疗救助或其他政府项目承担，只有约1/10的人通过商业保险来支付。此外，家庭服务是重要的筹资渠道。据相关数据统计，超过4/5的长期照护服务是由家人或朋友完成的。

3. 美国医养结合筹资模式评价

（1）财政投入针对性：为了减轻政府财政负担，美国的医养结合项目主要服务于相对较小的人群。为了获得服务资格，申请者需要接受严格的资格审查，这导致有些人为了获得资格而采取不正当的财务手段。这种行为不仅增加了评估工作的难度和成本，还降低了资金的有效利用率。

（2）人群覆盖针对性：虽然理论上应该向基数较大的人群提供集中服务，但这样做会加重政府的财政压力。如果有大量不能自理的老年人加入服务，政府的费用支出会急剧增加。而通过家庭服务的方式，可能会导致其他人的就业率下降，从而增加他们的生活压力。因此，美国的医养结合模式在提高医疗资源利用率、改善老年人身体功能和生活满意度等方面具有显著作用，但由于其服务侧重于日间照料、受益人群不够广泛、经营风险较大，以及专业护理和健康管理人员短缺等问题，其发展受到一定限制，需要进一步改进和完善。

（3）可及性：虽然美国的医养结合模式能够满足服务对象的选择需求并提供满意的服务，但长期运行可能会加重政府的运转压力，进而影响政府提供服务的质量。

（二）英国医养结合筹资模式及评价

1. 英国医养结合服务模式 英国的医养结合服务模式以整合照料为主，通过集中管理具有相似需求和特点的人群，提供包括急性医疗照料、交通服务、食宿服务及长期养老等服务，是一种综合性的健康与社会照护体系。英国医养结合服务模式具有以下特点：①社区照护理念：英国强调“提供适当程度的支持，使老年人能获得最大的自主性”，通过团体之家、临时庇护所等场所，为老年人提供暂托和日间照护服务，同时也提供居家照护。②多层次的服务体系：服务内容包括生活照料、物质支持、医疗保健和整体关怀，这些服务形成了逐层递进的服务体系，特别关注那些需要长期照护的老年人。③医疗机构与社区的结合：医疗机构与社区紧密合作，社区中配备健康访问员，他们会定期探访老年人家中，提供治疗、康复、营养等方面的专业建议和服务，并建立医院与社区间的联系。④智能养老产业的发展：英国政府积极鼓励智能养老产业的发展。⑤广泛的社区参与：社区内提供老年公寓、日间照护中心、老年活动中心、护理机构等设施，使老年人能够在自己熟悉的社区环境中享受各种服务。

2. 英国医养结合筹资模式 英国的老年人长期照护资金的来源主要为：①慈善组织；

②老年人家庭；③国民医疗保障及地方财政等。对于公共卫生费用而言，该项资金来源以国家税费征收为主，资金主要用途是供给当地居民有关医疗服务，从而一定程度上提升居民的医疗水平及生活水平。

长期照护服务资金主要来源于老年人及国家政府。在对长期照护服务资金进行补贴时，政府以家庭财产为依据进行分配（表6-8）。

表6-8　以家庭财产为依据进行分配

家庭财产（英镑/年）	政府补贴
≤14 250	服务费用均由地方政府来买单
14 250～23 250	政府每花250英镑，个人另外再支付1英镑
≥23 250	个人自费

英国老年长期照护制度要求对每一个申请人进行照护需求的综合评估，评价由以下四个等级构成：①重度照护需求；②次重度照护需求；③中度照护需求；④轻度照护需求。评估后申请人若取得照护资格，则可以获得相关照护待遇，除此之外，也可以用现金补贴的方式代替照护待遇。

3. 英国医养结合服务筹资模式评价

（1）财政投入针对性：英国政府通过税收和预算对医疗和养老服务进行资助，确保了服务的稳定性和可持续性。然而，在实际分配中，由于人口老龄化、医疗技术进步等因素，医疗和养老服务的成本不断上升，给政府的财政造成了一定的压力。因此，在财政投入方面，英国政府需要更加精准地评估需求，并根据实际情况调整预算和税收政策，以确保资源的有效利用。

（2）人群覆盖针对性：英国的医养结合筹资模式相对全面，覆盖了不同年龄、经济状况和健康状况的人群。然而，在一些地区，尤其是偏远地区或经济欠发达地区，弱势群体可能仍然面临着医养服务不足的问题。

（3）可及性：英国的医养结合服务在城市地区相对较好，但在偏远地区或经济欠发达地区，服务的可及性仍然不够均衡。

（三）日本医养结合筹资模式及评价

1. 日本医养结合服务模式　日本的医养结合服务模式源自家庭养老服务模式，主要依托长期护理保险制度和医疗保险体系，并得到国家福利和相关社会服务的支持。这一模式通过长期护理保险制度为老年人提供基础医疗服务和福利，并长期提供护理服务，显著提高了居民的医养服务水平。相较于其他国家，日本的医养结合模式更为全面，覆盖社区、养老院和医院等机构。具体来说，社区内设有医疗自助站，供老年人使用自助站中的检测仪器进行基础检测，为他们提供了便利。养老院通过与邻近医院合作，为老年人提供相应的医疗服务。此外，医院内的检查科室设有专门的老年服务科室，进一步满足老年人的医疗需求。

2. 医养结合服务筹资模式　日本实行的长期照护模式是由国家政府强制推行的介护保险制度的体现。该保险服务的人群分为两个年龄段：40～65岁的投保人和65岁以上的投保人。据相关数据统计，该保险的人均费用不到7.4万日元，占日本国民收入的2.3%。根据日本颁布的法律法规要求，长护险投保人员的缴纳机制如下：①长护险由国家和个人共同投入，日本政府负责一半，而投保人按照年龄段需要缴纳的比重有不同。当年龄为40～65岁时，需要承担的比重为28%；当年龄＞65岁时，需要承担22%。②投保人应该承担照护费用的1/10，而且不包含餐饮费和住宿费。③当照护费用超过保险费时，年龄在40～65岁的投保人需要承担20%费用；年龄＞65岁的需要承担10%。④如果是低收入人群，按照日本政府的规定可以减免一些其他费用，例如住宿费、部分伙食费等（表6-9）。在服务的选择上，需要根据投保人的身体状况、投保人的个人申请等内容，来判定服务的项目。这需要依赖政府专门的人员调查、失能数据判定、医保等数据进行判定。在照护实施半年后需要再次对投保人员进行判定，然后判断是否需要进行更深入的服务。而且，根据投保人自身的请求，可从住院服务、社区服务及居家服务三种服务中进行选择。日本政府也支持社会组织、个人或公司参与到相关的服务当中。

表6-9 日本不同类别老年人享受政策比较

类别	享受政策情况		
一	国家和个人共同投入，日本政府负责一半，投保人按照年龄段缴纳不同比重		
		年龄段（岁）	承担比重
		40～65	28%
		＞65	22%
二	投保人应该承担照护费用的1/10，但不包含餐饮费和住宿费		
三	当照护费用超过保险费时		
		年龄段（岁）	承担比重
		40～65	20%
		＞65	10%
四	低收入人群可按照规定获得费用减免		

日本通过介护保险制度，旨在建立长期稳定的介护保障体系，确保老年人能够享受高质量的医疗保健和介护服务，使失能或半失能的老年人也能在熟悉的地方或家中过上有尊严、独立的生活。该制度一定程度上缓解了日本福利性财政支出的紧张矛盾。在介护保险制度中，“介护”一词既指在老年人衣食住行等方面的长期帮助，也包括医疗、看护、康复训练等方面的援助。

3. 日本医养结合筹资模式评价

（1）人群覆盖针对性：日本采用强制性保险，覆盖所有民众。只要投保人满足要求并经过相关部门审核通过，就可以获得该服务，无须支付其他服务费用。这种覆盖方式旨在实现代际互助和人群整体生命周期的再分配。然而，当前参保者年龄结构趋于老化，代际之间的资源调配效果逐渐减弱，如果不及时处理，可能会出现投入支出不均衡的情况。此外，该制度可能对低收入者造成隐形门槛，尽管制度规定可免除低收入者的超额费用，但低收入者面临的核心问题不是超额支出，而是收入过低无法支付基本费用。

（2）可支付性：日本政府对支付的人群和支付费用进行了明确划分，大大减轻了投保人的负担。虽然覆盖了大多数人群，但对于低收入人群而言，仍然不太友好。

（3）可及性：日本的筹资模式赋予了介护申请人对服务的选择权，同时引入社会机构进入介护服务竞争，并建立了完整的服务体系，充分体现了“以患者为中心”的理念。民众可以在较大的选择空间内根据自身需求选择服务方式，从而有效减少资源浪费。

第七章　长江经济带医养结合服务模式比较分析

自2014年初国务院提出“长江经济带”的发展概念和出台指导意见以来，长江经济带城市群就开始整合区域资源进行产业调整和布局。作为整个长江流域经济密度最大的经济地带，对我国产业结构调整和体系升级，推动社会、经济、发展、文化和生态发展的战略意义是其他经济带无可比拟的。与沿海和其他经济带相比，作为我国经济增长潜力最大的区域，长江经济带的老年健康产业的融资模式与路径选择也必将会成为社会经济政策调整和关注的焦点。依托长江经济带城市群建设来推动老年健康产业，势必将有效扩大老年人的健康服务和产品供给，释放和引导老年人群的消费需求，使长江流域的经济发展有更巨大的市场回旋空间。

第一节　长江经济带城市群健康产业发展现状

一、长江经济带城市群经济发展状况

长江经济带贯穿我国东、中、西三大区域，覆盖上海、江苏、浙江、安徽、江西、湖北、湖南、重庆、四川、云南、贵州11省（市），面积约205万平方公里，人口规模达6亿，占全国GDP总量的45%左右，具有水利交通便捷、丰富自然资源、技术和产业体系完备、人力资源、城市密集等领域的独特优势和巨大发展潜力。改革开放以来，长江经济带已发展成为我国综合实力最强、战略支撑作用最大的区域之一。长江经济带战略作为中国新一轮改革开放转型实施新区域开放开发战略，是具有全球影响力的内河经济带、东中西互动合作的协调发展带、沿海沿江沿边全面推进的对内对外开放带，也是生态文明建设的先行示范带。

长江经济带包括1个世界级城市群长江三角洲城市群，2个国家级城市群及长江中游城市群和成渝城市群，3个地区性城市群，即江淮城市群、滇中城市群和黔中城市群。2016年9月，《长江经济带发展规划纲要》正式印发，确立了长江经济带“一轴、两翼、三极、多点”的发展新格局:“一轴”是以长江黄金水道为依托，发挥上海、武汉、重庆的核心作用，“两翼”分别指沪瑞和沪蓉南北两大运输通道，“三极”指长江三角洲、长江中游和成渝三个城市群，“多点”指发挥三大城市群以外地级城市的支撑作用。《长江经济带发展规划纲要》围绕着长江经济带城市圈的发展，提出了生态优先、绿色发展，共抓大保护、不搞大开发的战略定位。长江经济带依托天然的区位优势，拥有丰富的淡水资源，储量大且种类多的矿产资源，旅游资源和农业、生物资源等，作为最重要的工业走廊之一，布局了钢铁、能源、汽车机械、电子建材、医药健康等一批高耗能、大运量、高科技企业。其中，钢铁产量全国占比36%，汽车产量全国占比47%，石化工业产量全国占比50%以上。在生物工程、医疗产业、航天技术、激光技术、信息技术、新材

料工程、自动化技术等领域也集中了相当数量的技术研发机构。长江经济带沿线省市对外投资活跃。2020年长江经济带地区国内生产总值（GDP）471 580亿元，增长2.7%，占全国的比重为46.4%。2020年1至8月，长江经济带沿线省市地方企业对外投资220.5亿美元，同比增长13.1%。

长江经济带城市群建设主要是以长江三角洲城市群为龙头，以长江中游和成渝城市群为支撑，以黔中和滇中两个区域性城市群为补充，以沿江大中小城市和小城镇为依托，形成区域联动、结构合理、集约高效、绿色低碳的新型城镇化格局。需要发挥上海、武汉、重庆等超大城市和南京、杭州、成都等特大城市引领作用，发挥合肥、南昌、长沙、贵阳、昆明等大城市对地区发展的带动作用。

在2016年的长江经济带经济增长中，有一个阶梯性发展态势：下游城市群的经济增长速度是7%～8%，中游城市群的经济增长速度是8%～9%，上游城市群的经济增长速度是9%～10%。落实长江经济带的城市群功能定位和实施长江经济带的城市群协调体制机制起到了决定性作用。

二、长江经济带城市群健康产业的特点

健康产业是一种有巨大市场潜力的新兴产业，涉及医药产品、保健用品、营养食品、医疗器械、保健器具、休闲健身、健康管理、健康咨询等与人类健康紧密相关的生产和服务领域。

中国健康产业主要由六大基本产业群体构成：①以医疗服务，药品、器械及其他耗材产销、应用为主体的医疗产业；②以健康理疗、康复调理、生殖护理、美容化妆为主体的非（跨）医疗产业；③以个性化健康监测评估、咨询顾问、体育休闲、中介服务、保障促进和养生文化机构等为主体的健康管理产业；④以保健食品、功能性饮品、健康用品产销为主体的传统保健品产业；⑤以消杀产品、环保防疫、健康家居、有机农业为主体的新型健康产业；⑥以医药健康产品终端化为核心驱动而崛起的中转流通、专业物流配送为主体的新型健康产业。

随着社会发展和人们生活水平的普遍提高，以及人类生活方式的改变，健康产品的总需求急剧增加。以生物技术和生命科学为先导，涵盖医疗卫生、营养保健、健身休闲等健康服务功能的健康产业成为21世纪引导全球经济发展和社会进步的重要产业。在发达国家，健康产业已经成为带动整个国民经济增长的强大动力，健康行业增加值占GDP比重超过15%，而在我国，健康产业仅占中国国内生产总值的4%～5%，低于许多发展中国家。

我国健康产业发展十分迅速，市场容量不断扩大，健康产业也在国民经济中的比重不断上升，特别是保健品行业，成为推动我国经济发展的又一新兴动力。据相关统计资料，目前我国共有药品生产企业7690多家，预计到2030年健康产业产值将超过16万亿元。

“健康中国2020”战略一经实施，健康产业有望突破10万亿元市场规模。统计数据显示，美国的健康产业占GDP的比重超过15%，加拿大、法国、瑞士、日本等国的健康产业占GDP比重也超过10%。而我国的健康产业仅占我国GDP的4%～5%。这说明我国的健康产业还有相当大的提升空间。“健康中国2020”战略出台后，长江经济带城市群

围绕着大健康产业，涵盖医疗保健、营养食品、医疗器械、休闲健身、健康管理与咨询等方面，已经融入到城市群经济发展创新模式中，其拉动内需增长和保障改善民生的重要作用已经开始凸显出来，如坐落于武汉高新技术开发区的生物医药产业园、成都医药产业园、上海自由贸易试验区生物医药产业服务园等相继投入使用对综合健康产业资源，提升城市生物医药产业的经济力有着显著的推动作用。目前，这些健康经济产业园的主要构成包括：健康产业集群、传统药业延伸、电商、医养结合、社区综合健康服务、医疗不动产、健康服务组织、旅游合作、健康养老地产等。依据身心健康中国2030发展战略的整体规划，2020年中国大健康产业经营规模已达8万亿元，2030年中国大健康产业经营规模可能达到16万亿元。

随着我国人口老龄化进程的加快，65岁以上人口比重呈不断上升趋势，对老年健康的重视必然带动老年健康产品的发展，如保健品、营养食品等，同时未来我国老年家庭病床护理、健康咨询、老年康复中心，以及提供医疗护理和保健器材等的服务将是老年健康产业发展方向。

目前，长江经济带城市群的健康产业发展定位主要集中在养老、医疗服务与医疗器械等市场。其中，养老产业四大环节，养老服务、养老金融、养老地产与养老用品领域，养老服务与养老地产是社会资本重点投资对象。在医疗服务领域，“互联网+”医疗服务将成为投资重点，移动医疗与医药电商等是重点开发领域。部分涉及健康产业的医疗器械研发生产商，每年计划投入不少于100亿元用于高端医疗器械产品研发。

三、长江经济带城市群老年健康产业的相关政策

我国政府对社会养老事业的发展高度重视，相继出台众多相关政策意见和制度规范完善养老服务体系。2013年《关于加快发展养老服务业的若干意见》和《关于促进健康服务业发展的若干意见》，提出要继续贯彻落实《关于深化医药卫生体制改革的意见》，按照保基本、强基层、建机制的基本原则，多措并举，发展健康养老服务，积极推进医疗卫生与养老服务相结合，推动医养融合发展。要求医疗机构积极支持和发展养老服务，有条件的二级以上综合医院开设老年病科，增加老年病床数量，做好老年慢病防治和康复护理，探索医疗机构与养老机构合作新模式。

（一）政府加大老年健康产业基础设施建设资金投入

按照2019年政府工作报告对养老服务工作的部署，为打通“堵点”，消除“痛点”，破除发展障碍，健全市场机制，持续完善居家为基础、社区为依托、机构为补充、医养相结合的养老服务体系，建立健全高龄、失能老年人长期照护服务体系，强化信用为核心、质量为保障、放权与监管并重的服务管理体系，大力推动养老服务供给结构不断优化、社会有效投资明显扩大、养老服务质量持续提高、养老服务消费潜力充分释放，确保到2022年在保障人人享有基本养老服务的基础上，有效满足老年人多样化、多层次养老服务需求，老年人及其子女获得感、幸福感、安全感显著提高。福建省为贯彻实施积极应对人口老龄化国家战略，让老年人安享幸福晚年，2024年省财政持续加大投入，优化支出结构，预算安排3.54亿元，比上年增长8.47%，支持加快构建养老服务体系。资金安排聚焦养老事业和产业协同发展、养老服务提质增效，主要用于支持新建400个示范

性长者食堂、50个嵌入式养老服务机构，开展养老服务从业人员培训；发放养老机构开办及床位运营补贴，对五星级养老服务设施给予奖补，在所有乡镇建立社工站并开展政府购买养老和救助服务，推动养老服务深入基层，开展养老服务体系建设正向激励奖补，以及对80岁以上低保老年人以及百岁老人发放补贴等。

（二）政府密集出台和完善老年健康产业相关扶持政策

湖北、重庆、四川、贵州等省（市）对养老机构提供的养老服务，全部实行税务登记，使用收费统一票据，实行养老建设用地。公共服务价格等税费减免或税费优惠。江苏省采用划拨方式或地价优惠等政策，对养老建设用地规范进行细化，为医养结合服务机构的发展提供有利条件。湖南、湖北、江西、云南等省出台养老土地使用新政策，将养老设施建设纳入经济社会发展规划、城乡建设规划和土地利用规划，编制养老设施建设布点专业规划，并将规划确定的养老设施纳入控制性详细规划。上海、浙江和江苏等省（市）对辖区内的单纯养老机构和医养结合服务机构的用水、用电、用气、用暖等公共服务业务的使用给予相应的优惠和优先照顾。

（三）政府制定和推行老年护理人才培训制度

上海、浙江、湖北、安徽等省（市）政府下发《关于加强养老护理人员教育培训工作的意见》，在政府民政部门设立社会福利与老年服务处，统一负责养老服务人才培养工作，并与辖区内医学高等院校和老年健康科研院所进行合作，设立老年人健康诊疗和护理相关专业和培训班，采取财政补贴、分级培训等方式培养老年护理人才，推行养老健康服务人才技能培训与鉴定制度。江西、江苏、重庆、四川等省（市）分别制定了《社会养老服务体系建设规划（2011～2015年）》，在医养结合服务机构和单纯的养老机构内推行学历教育和继续教育，在医学高等院校和中等职业学校内专门设立养老与健康服务相关专业和课程，加快培养专业人才，推行养老护理员职业技能鉴定制度。为解决养老服务工作人员薪酬待遇低、社会地位低，严重制约养老服务队伍发展和服务质量提升的问题，浙江省设立“入职奖补”制度，为从事养老健康服务工作的中专和高校毕业生提供相应的补助，并设立特殊岗位津贴，提高养老工作人员的工作积极性。

（四）建立健全养老健康服务保障体系

长江经济带城市群内的各级政府普遍采取“医养结合”服务模式来应对老年的健康服务需求，在养老机构内设置医疗服务站点，构建以老年人健康为中心的“医养护一体化”服务和管理模式，集医疗、康复、养生、养老等服务项目为一体，整合养老机构和医院的服务功能，把生活照料和康复关怀融为一体；同时对符合条件的要纳入城镇职工（居民）基本医疗保险或新型农村合作医疗定点范围，为在养老机构内的老年人享受医疗保险待遇创造便利条件。上海、浙江、江苏等省（市）还专门试行养老机构责任保险，设立老年人意外伤害险制度，为老年人提供特殊保险保障，开展长期护理保险制度的试点工作。湖北省武汉市还出台政策对医保统筹基金的划转标准，“医养结合”服务机构的准入、退出，护理保险的支付标准进行明确的规定，为其他省、市探索长期护理保险制度提供经验。

第二节　长江经济带城市群老年健康需求与供给

一、长江经济带城市群老年健康需求现状

国家卫健委老龄健康司发布了《2020年度国家老龄事业发展公报》显示，截至2020年底，我国60岁及以上老年人口达到26 402万人，占总人口的18.70%；其中，50%左右的60岁以上老年人口集中在长江经济带城市群。

据不完全统计，截至2015年底，长江经济带城市群内处于失能和半失能状态的老年人口已经突破1800万人（表7-1），老年慢性病患者超过5000万人，因肿瘤、心脑血管疾病、慢性呼吸系统疾病、肾脏系统疾病等慢性病死亡占该区域居民总死亡的构成比达76.3%，占用的医疗服务资源达68.4%，医疗费用占家庭经济总开支的72.7%。若按照每位老年人年均2000元基础医药费、4000元基础生活费和3000元衍生健康服务费计算，仅2015年长江经济带城市群的老年人健康服务产业规模将高达9990亿元。2020～2021年长江经济带全域的社会保障事业有进一步发展。人均财政社会保障和就业投入从上年的1642.69元提升至1760.99元，提升幅度2%；平均最低生活保障达到635元，较上年的617元提升了2.9%；城镇职工基本养老保险、城镇职工基本医疗保险和失业保险的参保率分别达到了42.74%、36.67%进而26.09%，较2020年分别上升了7.37、7.63和8.69个百分点。老年健康产业的发展的核心是要解决好老年人的养老和医疗保健问题。由于现有的养老体系与医疗体系的分离，医养结合的服务体系在制度设计与运行机制上还存在着诸多不足，如长江经济带城市群城乡地区医养结合政策设计滞后，养老观念老化，医养结合市场开发不够，城乡区域和城市群内社会经济发展不平衡等问题，导致了城市群间医疗和养老资源配置的低效率。尽管老年人的医疗服务、康复护理和生活起居等方面的需求增长速度明显，但是长江经济带城市群的医疗服务资源和融资平台共享机制、医养结合政策互通机制、健康产业共建互助机制等均未有效整合与建立，暂时该区域城市群还是“单打独斗”状态，城市群间资源融合发展的效能还未显现出来。毋庸置疑，随着长江经济带城市群的产业全方位深度融合，政策开发与衔接互通，必定会为老年健康产业发展提供良好的政策环境和现实需求。

表7-1　长江经济带老龄化程度分级标准及年龄结构类型

老龄化系数（D）	年龄结构类型
$D<4\%$	年轻型
$4\%\leqslant D<5\%$	成年型初期
$5\%\leqslant D<6\%$	成年型中期
$6\%\leqslant D<7\%$	成年型晚期
$7\%\leqslant D<8\%$	老年型初期
$8\%\leqslant D<10\%$	老年型成长期
$10\%\leqslant D<14\%$	老年型扩张期
$D\geqslant 14\%$	老年型晚期

老龄化系数（cofficient of aging）又称老龄化指数，人口老龄化指数或老少比指老年人口占少年人口数的百分比。老龄化系数反映人口老龄化的程度。老龄化系数（%）=老年人口数/少年人口数×100%

二、长江经济带城市群老年健康供给现状

据统计，截至2020年底，全国医疗卫生机构总数达1 022 922个，比上年增加15 377个。其中：医院35 394个，基层医疗卫生机构970 036个，专业公共卫生机构14 492个，其他机构3000个。全国医疗卫生机构床位910.1万张，其中：医院713.1万张（占78.4%），基层医疗卫生机构164.9万张（占18.1%）。长江经济带城市群的医疗卫生机构数占全国总数的57.87%，床位数占全国的63.29%。2020年中国医药市场规模约为17 919亿元，同比增长仅为9.2%（图7-1）。中国医疗器械行业是健康产业中增长最为迅速的领域，同时也是资本市场最为看好的投资热点之一。截至2020年，中国医疗器械市场规模约为7341亿元，同比增长18.3%，接近全球医疗器械增速的4倍，而中国也已成为仅次于美国的全球第二大医疗器械市场，预计未来5年，医疗器械领域的市场规模年均复合增长率约为14%。随着全球人口老龄化的加剧及人类健康意识的提升，医疗器械行业的市场规模持续扩大。中商产业研究院发布的《2022–2027年中国医疗器械产业发展趋势及投资风险研究报告》显示，2022年中国医疗器械的市场规模为10 503.4亿元，近五年年均复合增长率为16.88%，2023年约为12 023.8亿元。中商产业研究院分析师预测，2024年中国医疗器械市场规模将达到13 644.1亿元。

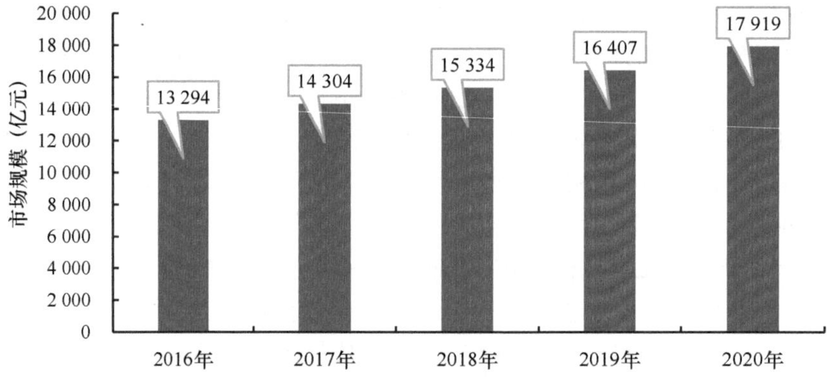

图 7-1　2016～2020 年我国医药行业市场规模

第三节　长江经济带城市群老年健康产业融资模式

一、政府主导的老年健康产业领域的金融信贷模式

目前，长江经济带城市群政府主要出台政策，加大对老年健康产业领域的金融机构信贷支持力度。鼓励和引导金融机构在风险可控和商业可持续的前提下，改进和完善对社会养老服务产业的金融服务，增加对养老服务企业及其建设项目的信贷投入。积极探索采取直接补助或贴息的方式，支持民间资本投资建设专业化的养老服务设施。上海、浙江、江苏、重庆、安徽、湖北、湖南等省（市）对涉及老年健康产业领域的地产项目、服务机构投资、人才培养项目等均给予贷款优惠政策，每省（市）年投资规模预计在80亿元，其优势在于因老年健康产业的需求旺盛而供给不足，导致以老年为主体的健康产业经济规模将成为新的经济引擎。劣势是目前的金融信贷产品和配套政策服务等相对滞

后，部分老年健康产业发展缺乏统一规划和制度保证，且区域发展不平衡，存在较高的融资风险。

二、政府优先将福彩基金用于老年健康产业的开发

长江经济带城市群政府普遍采取调整福彩基金使用领域、项目和方式，有效利用福利彩票公益金，福利彩票公益金50%以上优先用于支持养老健康产业和相关服务业的发展，保障社会养老服务体系建设。优势是规范福彩基金的投入方向，盘活冗余资金存量，提高基金使用效率，拓展福彩事业投入领域。劣势是福利彩票公益金使用受到现行法律法规约束较多，尤其是对生产、研发和服务性经营领域的政策限制较多，且暂时未能出台有关长江经济带福利彩票公益金使用管理办法，如何做到福利彩票公益金的跨区域跨领域使用存在一定的政策风险。

三、政府成立老年健康产业基金融资平台

湖北省政府出资400亿元引导设立长江产业基金，预计可以触动万亿元社会投资。江苏省医药健康产业投资基金总规模达200亿元，重点支持创新药物和高端医疗器械研发及产业链资源整合，专门用于医药健康产业股权投资与并购整合的投资平台，集中支持江苏医药健康产业的创新研发、结构优化、产业链整合等。湖南南华健康产业基金首期募集30亿元，投资用于干细胞相关的生物技术和生物医药、医院收购整合和公立医院改革、医疗美容和高端医疗器械等，部分投资于健康医疗配套的文化旅游等新兴产业。苏州市政府出台《养老服务业发展引导基金管理办法》，计划设立养老服务业发展引导基金，首期规模为5000万元，引导社会力量募资设立规模2亿的养老服务业创投基金。优势是通过基金引导的方式，容易短时间内起到“四两拨千斤”作用，促进产业升级改造和迅速推向市场。劣势是项目的引导和规划难以承受大的失误，否则容易造成健康产业项目夭折或者投入多见效慢且少。

第四节　长江经济带城市群老年健康产业融资路径选择

一、构建城市群互通平台与协同机制，加快老年健康产业平台建设

充分发挥现有的长江经济带城市群产业布局的优势，依托健康产业产学研一体化、区域化和规模化等特点，建立城市群间互通平台和协同机制，探索加速创新成果转化和产业化的新路，为减少健康产业融资成本、提高资金使用效率和回报率奠定基础。同时，长江经济带城市群也是中医药材的天然宝库，以现代中医药技术为支撑，以中药成分标准化为突破口，加快中药现代化产业基地建设，可以充分发挥药品研制、生产和推广的优势，进一步扩大融资平台，把长江经济带城市群的健康产业平台做大，完善“互联网+健康”产业的布局和规划发展，建设“数字医院”，重点发展健康管理、健康促进、养生养老等与老年健康相关的产业集群，打造老年健康产业服务品牌。

二、发挥长江经济带建设优势，建设医养结合健康产业示范基地

长江经济带城市群建设为实现地区资源集中整合、优势互补、城乡一体化发展提供了良好的发展机遇，沿长江经济带的城市群因交通便利、环境优美、生活配套设施齐全逐渐成为城乡养老和医疗服务机构的融合产业发展基地的首选地区。这种优势为老年健康产业的融资提供了良好的投资基础环境，是发展产生规模效应的首选要素。

另外，长江经济带城市群因其拥有复旦大学、上海交通大学、海军军医大学、浙江大学、杭州师范大学、南京医科大学、南京中医药大学、中国药科大学、安徽医科大学、南昌大学、华中科技大学、武汉大学、中南大学、重庆医科大学、中国人民解放军陆军军医大学、四川大学、贵州医科大学等优秀的医学院校及其占据全国70%以上优质医疗人力资源和80%以上大型医疗器械与药物研发生产的产业基础，该区域毫无争议地成为推动我国老年健康产业发展的“桥头堡”和“试验区”。可以依托其丰富的医疗和养老领域的专家智库和人才智力资源，在高校和中等职业学校中增设老年护理和老年健康管理相关专业，培养专业化复合型人才，加大养老护理结构建设、人才队伍培养，为医养结合事业发展提供机构人才支持，同时试行跨区域建设分级诊疗、转诊方便、医养协同的服务体系，以及功能齐全、类型多样、经济适用、环境优美的医养结合服务网络。

三、优化老年健康产业融资环境，引导社会资本投入老年健康事业

养老是一个产业链很长、跨领域的产业，成立老年健康基金是为充分发挥政府财政资金的杠杆效应，吸引优质养老服务业企业、项目聚集城市群，加快养老服务业发展。按照2013年国务院出台的《关于促进健康服务业发展的若干意见》文件精神，积极引导扶持老年健康服务产业发展，要充分发挥综合改革试验区的功能、提升社会资源配置效率、提高经济成本效益等角度进行分析。要在融资渠道、贷款优惠、土地出让、技术合作等支持性环境建设方面加大政策扶持力度，如在政府主导下，引导社会资本投入养老地产开发项目、老年生态养生园、城市社区医院与养老机构联盟、跨城市跨区域养老旅游项目、中心城区与城郊“医养融合”服务体等项目建设。如美国成立的房地产信托投资基金（REIT），凭借着良好的收益表现、较低的风险性、收益来源租金可有效避险通胀等特征，在市场化养老的背景下，走出了一条依靠REITS创新的盈利模式。另外，将养老健康产业项目引入到债券市场也是一个较优的选择，因为债券市场是金融体系直接融资市场的重要组成部分，与以银行贷款为主的间接融资市场相比，门槛较低、风险较小，有利于发债主体的股权控制，其资金的供给和需求更加简单直接，有利于提高资源配置效率。

四、整合城市群间各项优惠政策，推动老年健康产业蓬勃发展

要加强长江经济带城市群的协同发展，整合老年健康产业发展的各项优惠政策，通过区域间相对统一的政策扶持、经费补贴、行业指导、宏观调控等手段，重点给予老年健康产业融资平台和项目政策支持，支持引导社会力量以独资、合资、合作、股份制、

个人承包等形式兴办医养结合服务机构和相关技术服务产业，如老年病监护仪等相关电子产品，整合和利用社会闲散养老资源。给予养老地产项目、健康谷（社区）项目、医养结合项目等政策优惠或减免。

加大财政投入，拓宽养老资金筹措渠道。现阶段，政府财政支出结构仍然不够合理，社会保障领域的财政投入长期不足，养老服务的覆盖面依然偏小，必须完善相关财政政策，推进政府与社会组织合作供给城市养老服务。目前在养老投入方面处于总量大、人均少的状态，可以保证兜底救助，但是距离福利普惠目标还有不小差距，在人口老龄化程度加速发展的形势下，现有的投入体量将面临严峻的挑战，改革现行的财政投入方式势在必行。一是提高每年新增财力用于购买基本养老服务的财政投入比例，制度化的方式加以保障，将福利彩票发行费用公益金等非税收收入统一纳入政府购买养老服务的支出预算，提高区级政府福彩公益金留成分配额度。二是优化财政资金支出结构，统筹衔接文教、医疗、社保等政策，将居家养老服务的发展纳入多个相关部门的政策窗口，调整财政支出结构，从加强居家养老服务事业规划、推进社会化养老体系建设、改善老年人保障和服务水平、强化老年人预防保健、繁荣老龄文化事业等方面，直接或间接为居家养老服务发展提供支撑，从而增加政府用于养老服务总体投入。

加大扶持力度，优先审批、优先开放医保定点资格，并给予相应的税收、财政支持；对于规模较小的养老机构，引入社会资本注资或者整体拍卖的管理模式，社会资本与辖区内医疗机构签署医疗服务协作关系。加强养老服务机构的专业化、规范化、标准化建设，通过制定养老机构设施建设、管理、服务标准，建立完善管理和监督机制。政府应扩大养老服务政策的决策参与度，广泛征求政府相关部门、社会组织、专家学者和老年群体意见，一方面寻求体制内和全社会、全行业的支持配合，避免民政部门一家承担过多的压力和不必要的责任，导致其主导制定的政策文件被架空，居家养老服务体系被边缘化。另一方面通过广泛调研、听取意见及来自一线服务提供者和服务对象的反馈，能够获得养老服务行业发展全面和真实的状况，更有利于居家养老服务政策制定的针对性和合理性，促进有限的资源要素在区域间更加合理地配置，防止养老服务的供给与需求脱钩，造成公共资源的浪费。

五、探索市级层面的立法尝试

应出台“加快发展养老服务业的实施意见”，确定工作要求和对应的职能部门，并急需由市级层面出台地方性法规，明确每一项任务所对应的责任单位及各单位的具体职责，并就其履责情况明确监督和奖惩办法，发挥保障老年人权益和促进居家养老服务发展的双重效用，具体制定过程中应考虑以下四项原则：一是既强调老年人群体的权益，又要兼顾其他社会群体的利益；二是凸显对老年人群体的特殊保护作用；三是融入社会主义市场经济体系，积极发展居家养老产业；四是在完善居家养老服务发展的法律保障中，促使养老保险、医疗保险和社会保障体系等制度措施互为补充、有效衔接，使居家养老服务真正做到有法可依。

进一步健全政策网络，细化现有的政策法规条目，强化可操作性和延续性，主要强调以下五个方面：①填补税收优惠政策方面的空白，充分支持参与居家养老服务事业的企事业单位、社会组织、团体和个人。②在社区发展规划中，突出发展居家养老服务事业的地位，对居家养老服务事业设施用地给予优先安排并落实。③要制定规范性的实施细则，保障居家养老服务组织（企业或民办非企业）的设置、管理、服务和退出机制。④要依靠市级层面的支持，制定出全市统一的居家养老服务发展的服务标准和行业技术标准，形成市场竞争和社会监督。⑤要完善各项奖励激励制度，对养老组织的奖励不能满足维持正常运转的水平，应考虑倾斜更多的资源扶持其做大做强，形成规模效应，对表现突出、信誉优良的管理者个人树立模范，给予其参政议政等待遇。

六、引导社会组织向社会企业发展

非营利性组织发展方兴未艾的同时，也受制于一些发展瓶颈，例如竞争过于激烈、自立能力不足、资源整合不足等困难。作为一种新的组织形式，社会企业为非营利性组织的发展提供了新的选择和转型参考，社会企业从根本上纠正了非营利性组织慈善短板和依赖性等缺点，强化了非营利性组织竞争博弈和抵御风险的本领，在社会成员之间建立了相互支持的连接体系，促进了相互理解。

对于社会企业的发展应同时加强鼓励扶持和规范管理。一方面加强对社会企业的政策支持，探索推进《民办非企业单位登记管理暂行条例》和《社会团体登记管理条例》等在实施上的改革，改善社会企业的法人结构过于严密和复杂的问题，创造相对宽松、简洁的结构，提倡社会企业创造性地结合商业经营和社会工作，打破固有的企业和企业的界限，提高组织的灵活性，减轻管理负担。另一方面加强对社会企业的监管，研究制定社会企业运营规范，严格分离商业资金和慈善公益资金，尽力避免后者用于机构自身的维护运转，促进财务明细公开透明，做到专款专用，保证社会企业营利的不分配或有限分配原则，牢固确立公益性目标，守住社会企业的价值底线。

本章介绍了长江经济带城市群健康产业发展现状、长江经济带城市群老年健康需求与供给、长江经济带城市群老年健康产业融资模式、长江经济带城市群老年健康产业融资路径选择相关内容。主要是对“互联网+”背景下医养结合养老服务提出合理化建议，借助互联网大数据培养养老护理服务人才，促使养老资源合理分配，推动政策扶持力度，完善顶层设计，引导社会多方力量联合合作，并注重健全养老服务后台监管机制，有效推动“互联网+”养老护理服务模式的健康发展。

医中有养的医养结合服务模式

医中有养的医养结合服务模式指医疗机构以其自身良好的医疗资源优势，在医疗机构内部开设老年病科或设立养老服务机构，主要为老年患者提供长期医疗救治、护理、康复及安宁疗护等系列服务。河南省鼓励医疗机构内设养老机构，要求到2022年和2030年，二级以上综合医院设老年医学科比例分别达到50%及以上和90%及以上，鼓励医疗机构为高龄、重症及失能的老人提供医养结合服务。截至2020年2月，河北省石家庄市约有47%的二级以上公立医院开设了老年病科室，河北省邯郸市曲周县中医院2012年7月拿出一栋5层的病房楼成立了托老中心，配备全科医生和护理人员为老人提供医疗救治、康复护理等服务，托老中心的老人看病和拿药均无须出院，患有常见病、多发病的老人可将托老床改为病床，待病情稳定或好转后再将病床转为托老床，突发急症的老人可直接走绿色通道住院。

第八章　互联网技术对医养结合服务模式的影响

受用地审批及缺乏规划等因素限制，养老服务机构整体规模小、数量偏少，能兼容医疗服务的养护一体机构严重匮乏，“医”构设标政策存在瓶颈。存在的主要问题是：①缺乏整体规划，且标准规范制定不统一，信息不能相互交换和共享，信息系统缺乏连续性、协调性和融合性。②软件开发分属不同公司且开发语言各异，信息网络建设不通畅，基层信息化建设严重滞后，部分社区和农村未开通信息网络化报送系统；存在信息孤岛现象，数据利用率不高，降低了各部门间协同管理和应急处理的速度；信息智能化处理和整合能力滞后，难以提供科学有效、快捷方便的数据信息作为决策参考；存在医养结合的人力资源不足和能力缺乏等问题，如临床护理、临终关怀、康复理疗、心理咨询等领域的专业技术人才严重缺乏。另外，医养结合的职业化服务水平较低和网络建设滞后也是制约医养结合服务体系功能释放的主要原因。

“互联网+”是互联网与传统行业的结合，拥有连接服务并能在长时间内保持稳定，强调的是互联网应用的连续性。“互联网+”医养结合是将互联网的技术手段应用到医养结合中，在线上收集老年人的健康信息，实现信息共享，传播健康知识，进行健康管理和健康咨询等服务；线下由医疗机构、社区卫生服务中心、养老机构等提供医疗和养老服务。线上和线下有效衔接，提高资源利用和服务的及时性，促进医养结合更好发展。

第一节　云计算数据模型对医养结合服务体系的影响

大数据时代具有大容量（volume）、多样化（variety）、快速化（velocity）和价值化（value）的特点（4V），在这一背景条件下，要求制定一种低成本、高效率、海量规模、可扩展性好的信息共享平台用于整合各类数据资源。云计算是集数据存储、撷取、分析、处理，并提供经营决策依据的计算机技术网络平台，以计算机信息网络为基础的数据利用、开发与处理的最优集成体，包括云主机（计算机模块优化）、云空间（邮箱存储）、云开发（技术平台）、云测试（个性化技术模块升级）和综合类品等服务要侧重云计算的服务的规模化专业化网络化和庞大的用户群，可以将各类数据进行有效整合。

云计算服务实现的基础是将多种传统计算机网络技术（如并行计算、分布式计算、网格计算、虚拟化、效用计算等）在计算存储、交换、分析、处理、集合等进行综合应用。

早在20世纪70年代，云计算已经开始在证券、气象和电子商务等领域广泛应用，21世纪初，数据模型的概念开始形成并广泛应用于商业、证券、气象、物流、军事和集成工程技术领域，服务国民经济和社会民生。信息技术产品智能化、个性化、服务化和网络化趋势，使得与人群健康需求和生活相关的电子信息技术产品提供商向大数据时代的信息服务的综合运营模式上进行转变。

针对医疗民政和医保等不同管理部门间海量数据的储存、交换、甄别和分析，云计算数据模型主要运用虚拟化网络技术，建立“医疗云”、“养老云”和“社保云”，确保数据在传输储存过程中尽量减少冲突和拥塞，防止数据丢失，从而实现数据整合过程中的完整性和可靠性。

针对不同部门和机构软件不兼容、数据及相关技术标准不统一、信息难以共享等问题，云数据模型可以将不同的医疗机构的信息系统整合，形成统一标准的医疗卫生信息基础设施，有效解决医疗信息系统间技术标准不统一，减少信息设备重复投资，实现基层医疗机构与上级医疗机构间老年人的诊疗服务信息共享，且便于双向转诊服务。同时也有利于建立医疗信息共享平台，集中管理患者健康档案；有利于建立远程医疗服务平台，建立大型医疗服务网络，实现远程提供医疗诊断、监护和虚拟会诊等功能，将优质医疗资源向基层医疗机构延伸满足老年居民健康服务需求。“养老云”主要是整合农村和城市社区间、不同地区间老年人养老信息资源，实现个人养老保险缴费、发放标准和具体金额等信息共享。“社保云”主要通过人群社保系统的全覆盖，增强地区间社保信息共享和业务协同，实现政府社保基金部门、社会服务机构、参保单位、老年居民等信息资源共享。

目前，“医”体系中硬件软件间的技术融合条件已经具备。可以综合运用互联网、蓝牙技术、云计算及5G移动通信等信息技术，融合养老服务机构和临床检测（含诊疗服务）数据，通过佩戴健康腕表、设立健康管理小屋终端数据库等形式，提高数据传递与交换速率，并将相关数据通过筛查辨析、答疑等集成上传至医养结合服务信息系统，从而成为真正意义上的动态健康档案，全面改变信息资源分散的格局，为医养结合机构及时调整策略拓展服务领域、完善服务体系，为政府出台相应的政策提供参考依据。

（一）医养结合供给方

1. 二级以上医疗机构 是医疗服务的提供者，在“互联网+”医养结合中有线上和线下两方面的作用。线上作用一是要承担健康知识宣传、健康咨询答复、远程医疗等工作；二是根据数据库分析，针对不同老年人提出个性化、有针对性的健康管理方法，做好疾病预防及保护措施；三是开展转诊服务，利用互联网信息，将病情有所缓解的老年人转诊到适宜的基层医疗机构或养老机构进行康复训练。线下主要是根据平台发布的老年人需求信息提供上门服务，如健康体检、紧急救助等。

2. 基层医疗机构 主要为辖区内老年人提供基本公共卫生服务和基本医疗服务。可在互联网平台获取本辖区老年人的健康信息，为居家或养老机构老人提供健康管理服务、疾病恢复期的康复和护理服务，以及通过APP社区卫生服务公众号等平台与老年人及其家属沟通或传播健康信息。

3. 养老机构 养老机构作为传统养老服务的提供者，医养结合对其提出新的要求。养老要与医疗形成长期紧密的联系，不仅要为老年人提供日常照料服务，更要关注老年人的医疗、保健、康复、健康检查、临终关怀等，使老年人在养老机构就可以获得医疗机构一站式的服务。养老机构需通过互联网平台及时获取老年人健康信息，建立老年人健康档案，开展健康管理和心理安慰等服务。

4. 社会组织、社会工作者 社会组织、社会工作者的参与能够丰富“互联网+”医养结合的构成，实现“三社联动”，以社区为平台，满足居民需求，通过专业化社工实现多元服务供给。社会组织可借助互联网组织活动和自我营销，线上与线下有效互动。与社区建立联系，为老年人提供助老、护理扶助及心理疏导等服务，满足老年人对服务内容、服务形式的多元化需求。同时，自助式服务社会组织可通过互联网平台组织老年人互帮互助，积极参与老年公益事业。

（二）政府

作为政策制定者和公共服务提供者，政府在“互联网+”医养结合中起着主导作用，具体包括以下3个方面。

1. 完善相关法规制度建设　互联网的大数据分析技术使个体的隐私保护成为难题，医疗机构、养老机构的老年人健康数据安全存在隐患。因此，互联网的安全制度建设必不可少，网络安全制度的建设和实施必须有法可依。同时，网络医养结合服务行业标准欠缺，监督和考核机制不完善，政府应加强统一规划和正确引导，为“互联网+”医养结合提供有力的政策支持，加快构建云数据平台的信息收集标准体系、医养结合服务项目类和收费标准结合、服务流程和要求规范等。建立和完善网络医疗和养老服务从业人员的评价机制，对“互联网+”医养结合服务行业的服务内容、质量和绩效进行定期考核。

2. 加强人才培养　互联网在医养结合中的应用必将带动大规模的网络设施建设，需要一大批精通网络规划、设计、建设、集成、管理和维护的专业人才，而目前我国掌握网络技术的专业人才仍然欠缺，难以满足网络发展的需求。因此，政府应为网络人才培养提供物质资源、培养经费和奖助支持，积极鼓励高校开展互联网技术应用、医养结合相关内容的学科专业和院系建设，培养创新型和技术型人才。

3. 提高筹资水平和技术支持　互联网的平台建设离不开大量的资金投入，企业研发的资金投入少将导致产品在质量、性能、人性化设计等方面的不足，影响行业发展。因此，政府要发挥资金引导作用，对软件开发和功能使用提供有力的资金支持，同时，鼓励金融行业和社会各界积极参与。“互联网+”医养结合对智能设备、网络技术等有较高的要求，因此政府要大力扶持关于医疗和养老相关智能产品的研究，积极鼓励老年智能产品的应用，推动老年智能穿戴设备的生产及推广；各级政府也要加快互联网建设，改善网络光纤，提高上网速度，在硬件上保证“互联网+”医养结合的实现。

（三）医养结合需求方

需求主体是指老年人及其家庭。老年人可通过佩戴可穿戴设备，如智能手环、智能服装、智能眼镜等对呼吸、心率、运动、体温、睡眠状况进行监测，数据信息上传到互联网平台，如生命体征出现异常，互联网平台会收到信息，第一时间派遣机构提供救助服务。

依托于互联网技术将音/视频信息即时传输到互联网平台和老年人家庭成员的手机上，家庭成员可以通过交互式视频监测系统随时观察老年人的情况，实现双方即时视频通话，随时远程调阅监控图像，掌握空巢、独居或养老机构老年人的情况，出现危险紧急呼救。

“互联网+”医养结合平台构成

（1）智能医疗：包括健康信息的收集和监管、医疗转诊、健康知识的推送、健康咨询、远程医疗、派遣医务护理人员提供上门服务、网上预约挂号、网上支付等。通过互联网平台可享受各项医疗服务，提高医疗卫生服务。

（2）智能养老：指利用智慧科技，跨越时空局限，为老年人提供高质量的养老服务，提高老年人的生活品质。通过互联网建立老年人电子信息档案，及时掌握、更新和分享老年人的信息，使管理者能够准确掌握老年人的需求。同时，根据信息主导养老资源的分配，改变老年人被动等待养老资源匹配的状态。

（3）精神文化活动建设：越来越多的老年人有实现自我的需要，希望发挥余热，有自己的人生价值。因此，应加强老年人精神文化活动建设。社区卫生服务中心可以通过建立微信群、公众号等为辖区内老年人搭建交流平台，或举办老年人文体活动，通过互动沟通丰富精神生活。“互联网+”医养结合平台也可以为老年人开展健康知识、日常健康生活习惯、中医保健、急救方法操作等问答活动。

第二节 “互联网+”医养结合优势分析及服务功能

一、社会和供给方层面

（一）优化养老资源配置

随着家庭结构的改变，家庭养老功能的弱化增加了机构养老需求，我国现有养老资源不足，而部分养老机构却存在床位空置现象。因此，如何优化配置养老资源是重要问题。运用互联网可以广泛收集老年人对养老病床、养老设施、养老环境、养老服务、养老费用等的需求情况，进行需求分析。政府根据老年人的实际需求配置养老资源，找出优化养老资源配置的实现路径，可以有效发挥现有养老资源存量、提高床位利用率。同时，互联网数据分析结果有利于政府和相关部门根据人口老龄化特点及社会需求调整床位供给，实现人、财、物在机构养老中的优化配置和有效利用。

（二）缓解医疗资源紧张

目前，部分老年人长期住院，病情缓解后的康复管理也在大医院进行，造成医疗机构的“压床”现象，导致医疗资源紧张，互联网平台可以为老年人提供多种渠道与医务人员沟通，老年人通过平台可以与医务人员取得长期联系，医务人员能够密切关注老年人的身体状况和康复情况，进行专业的康复和用药指导，老年人回到家中也可以获得咨询服务，有效提高病床周转率，缓解了医疗机构的拥挤现象。

（三）改善信息不对称现象

医患关系紧张的一个重要原因就是医患双方的信息不对称，原因主要有医疗行业的专业性和特殊性、患者的认知低、医患双方缺乏沟通等。“互联网+”医养结合平台建设可以让老年人了解自身健康状况，获取有关预防、诊、识，增强对医疗行业的认识，改善信息不对称状况。

就目前养老模式的发展来看，居家养老的老年人仍占较大比重，而信息不畅通容易导致社区卫生服务中心、社会团体等不能及时为其提供服务。互联网将有效打破信息鸿沟，发挥信息处理优势，社区卫生服务中心、社会团体等可以有效获取老年人的服务需求，从而更精准地提供各项养老服务。

（四）实现线上和线下有效衔接

线上的网络服务和线下的现实服务弱化了医养结合供需双方的空间障碍。线上以健康数据为核心，利用手机APP、智能穿戴设备、交互式视频监测系统等对老年人进行持续的健康状况跟踪，记录个人电子健康档案。通过线上的信息管理，准确匹配线下资源，改善线下服务效率。随着“互联网+”医养结合的形成和进一步发展，能够使线上、线下得到有效衔接，真正做到将医养结合转变为医养融合。

（五）拓宽医养行业发展空间

近年来，我国大力发展医养结合，为养老行业发展提供新的方向。而互联网的先进性、互动性、共享性等特点将带动医养结合的升级，拓宽发展空间，提高竞争优势。“互联网+”医养结合在传统医疗和养老相结合的基础上，应用现代科技，提出对健康数据的分析、共享及对老年人的健康管理和疾病控制，有利于提高医养结合的效用，带动医养结合行业的长期稳定发展。

二、需求方层面

“互联网+”医养结合养老服务模式的构建使老年人可以在线上进行预约挂号、健康咨询、查询医疗报告结果、支付等，节省了往返于医院和养老机构之间、往返于医院和家庭之间的时间，改善了就医体验，提高了就医效率。同时，线上问诊使治疗过程更加便利，降低了治疗成本。长远看来，老年人在互联网平台上获取的健康知识将潜移默化地影响其生活方式和生活习惯，提升其健康管理意识，进而减少慢性病和并发症的发生，直接减少医疗支出。

通过可穿戴设备，社区卫生服务中心能实时监测老年人健康状况，提高老年人的安全感。通过信息平台的大数据处理、远程医疗、过程监控等功能，保证了延续性护理，丰富了医养结合模式。

互联网平台有计划地组织开展形式多样、丰富多彩的老年人文娱活动，可以提升老年人的文化素养和生活品质。为老年人的晚年生活增添色彩，实现老有所乐。随着老龄化进程的加快，医养结合养老模式正逐步开展。

三、“互联网+”医养结合平台设计方案和服务功能

“互联网+”医养结合平台基于大数据、云计算、移动通信等智能技术手段，通过采集老年人服务需求，整合老年人相关信息，为老年人提供精准服务，将智能设备与医疗信息相结合，用智能化信息手段为老年人提供优质护理、远程医疗、健康监测、康复护理等智能化养老服务，利用技术手段建立全面的养老服务功能。

（一）“互联网+”医养结合平台设计方案

该平台主要针对社区养老机构、居家老年人及医疗机构进行设计，以老年人群为导向，构建“互联网+”智慧养老信息化平台，建立老年人信息数据库，依托医疗机构进行远程智能健康管理。居家老年人可根据医疗资源平台进行预约挂号、慢性病咨询、康复护理等服务，医疗机构根据老年人身体状况进行针对性医疗服务，可开展远程会诊、医

疗诊治、预约体检、临终关怀等服务功能，例如慢性病老年人可提供慢病健康管理，日常饮食等服务，同时居家照护老年人就医诊疗还可以延续到社区养老护理院、老年公寓等机构，社区机构根据老年人医疗远程会诊结果，实现老年人康复护理服务，包括膳食营养、心理监测、药物管理等生活照护服务。“互联网+”医养结合平台将居家老年人、医疗机构、社区养老服务中心进行有机结合，建立紧密的养老协作关系，为居家老年人实现可靠的养老服务。“互联网+”医养结合平台设计方案见图8-1。

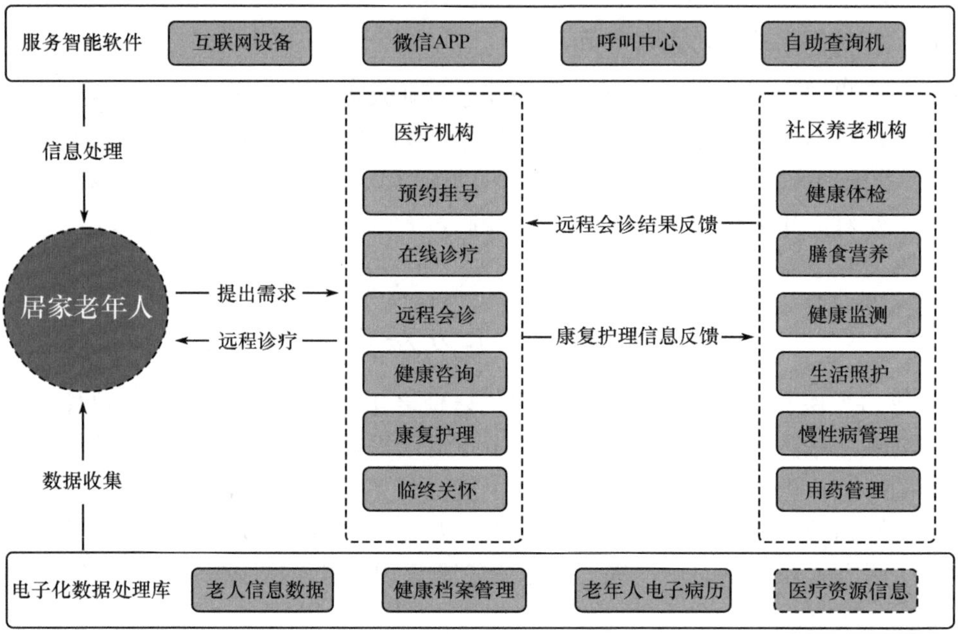

图 8-1　“互联网 +”医养结合平台设计方案

（二）“互联网+”医养结合平台信息服务功能

“互联网+”医养结合平台将医疗服务与养老照护有机结合，以就医体检为基础，康复护理服务的医养一体化养老平台，利用互联网大数据平台，搭建智能养老服务平台，有效解决老年人就医难、养老难的问题，针对不同老年人给予有效的护理措施。平台的服务功能见图8-2。

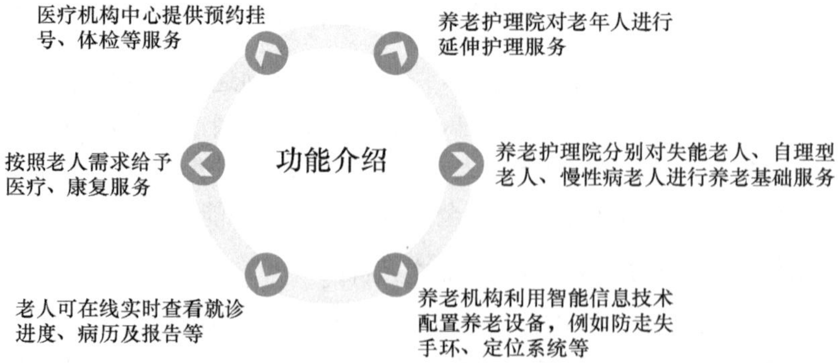

图 8-2　平台服务功能

（三）“互联网+”医养结合平台服务需求分析

“互联网+”医养结合平台面向失能老人、慢性病老人、失智老人和自理型老人的健康管理，以医疗大数据平台为基础，制定养老照护原则，根据老年人病程缓急、家庭结构等情况进行科学定位，提高信息化就诊效率，降低人力投资，为老年人实现全面的养老服务，提高养老护理人员的工作效率。医养结合平台服务模式见图8-3。

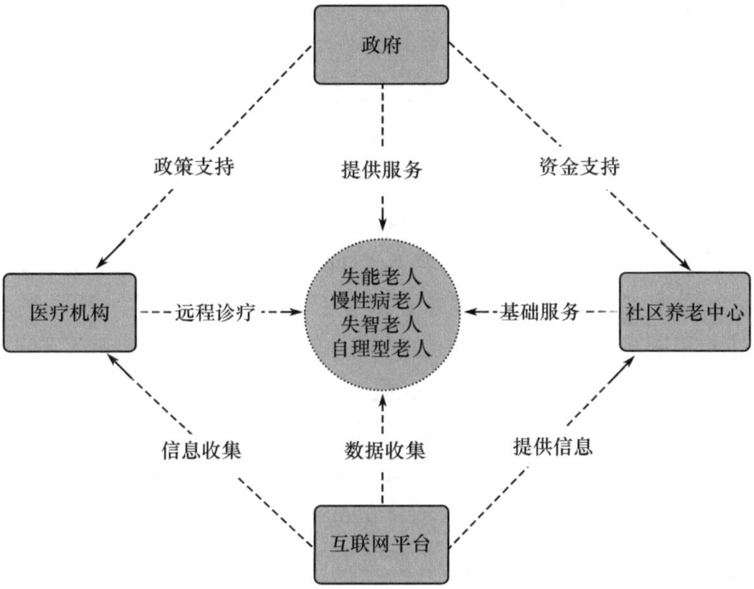

图8-3 医养结合平台服务模式

1. 针对失能老人 利用互联网大数据平台，推进失能老人需求层次的服务改造，分析失能老人长期照护的需求，并制定相关政策，以期提高失能老人的照护质量，探索失能老人照护方式。针对失能老人要加强调查，了解失能老人的服务需求，对失能老人开展专题调研，由政府部门制定相关管理政策，以现有资源为基础，解决服务问题。养老机构应根据失能老人的调查结果、服务需求制订服务计划，建立失能老人的评估制度，精准服务。对失能老人的照料包括饮食照料、清洁照料、排泄照料等。保障失能老人衣食住行等健康需求，观察老人情绪变化，做好记录。针对失能老人，利用人工智能、大数据等构成综合性照护平台，通过平台接收老人信息，监测老人生命体征，观察失能老人生活状态。

2. 针对慢性病老人 慢性病老人更需要的是科学有效的健康管理，由于慢性病病程长，起病隐匿，对老人日常生活造成一定影响，因此在医养结合平台，老人可在线选择适合自己的护理服务，并实时查看健康问题等。针对慢性病老人，制订科学的管理方案，慢性病病程长，应给予老人专业的管理，加大对慢性病老人的服务力度，将医养结合有效融入慢性病管理中。慢性病老人可在平台上选择养老服务项目，当有就医需求时，在线预约挂号后，信息平台将老人信息发送给医疗机构，即可实现远程就医，远程问诊。如有检查需求，护理人员可上门服务，进行身体检查，老人可在线查询检查结果，随时选择自己的服务套餐。针对慢性病老人，互联网将其病历信息推送给药店，对于其需要的药品，通过定期配送的形式送至养老护理院。

3. 针对失智老人　失智老人因脑细胞退化，造成记忆力及其他神经功能减退，影响到其日常生活。针对养老机构失智老人的服务现状，并结合失智老人的服务需求，利用“互联网+”医养结合信息平台的优势，提升失智老人的生活质量。针对失智老人，在日常生活照护方面，利用互联网平台，构建医养结合照护模式，安排专业护理员对其进行照护，包括饮食、起居等照料，满足老人的基本需求。根据老人的失智程度及服务需求，确定相关服务安排，利用大数据信息收集，为失智老人提供生理和心理上的专业化服务。借助互联网平台，老人可在线提出需求，平台安排专业人员进行健康指导，经过诊疗，可与养老护理院对接，进行康复护理，将医疗与养老有效结合。利用远程信息技术对失智老人进行实时监控，监测老人身体情况、动向等信息，如佩戴智能手环进行位置定位，可与医疗机构与护理院进行实时通话，为老人建立最有效的服务。

4. 针对自理型老人　根据马斯洛需要层次论，自理型老人的服务需求可从生存需要、安全需要、情感需要、自尊和自我价值实现需要来分析。通过医养结合养老平台，及时高效地为自理型老人服务，了解自理型老人心理、生理特征，借助平台完善其日常生活照护模式，满足自理型老人生活上的需求。针对自理型老人，利用互联网进行问卷调研，了解自理老人需求和服务层次，还可在线访谈，进行针对性的养老服务设计，最后对访谈内容进行整理，确定服务设计方向。归纳出自理型老人不同需求，为其提供日常生活护理和健康服务，融入医养结合模式，将饮食照护、健康教育等服务集中于养老机构，形成创新的服务策略。在互联网大数据平台，老人可在线选择多样化服务，平台根据老人提供相关信息，进行个性化的服务，并且可随时取消或更改服务项目。通过采取护理措施，使老人掌握正确的科学饮食及健康管理方法，帮助自理型老人适应养老机构生活，开展相关活动，丰富其生活，增强其主观幸福感。

第三节　云计算数据模型对医养结合模式的启示

云计算数据模型的优势在于信息资源的有效整合，尤其是通过健康管理信息系统中诸多环节的硬件和软件整合，融合互联网、蓝牙技术、云计算及5G移动通信等技术，将与健康体检数据的采集与传输集成体紧密结合起来，为社区老年人提供技术参数统一且流程规范的标准化、专业化、亲情化的健康监测、分析、评估、干预等服务，依据采集的各种数据及趋势图表提供健康评估和养老建议，以便家庭成员和医护人员能及时对疾病进行早期筛查、早期干预、早期治疗的动态监控，从而有效改善与管理，以期降低疾病风险和医疗费用开支。借助互联网技术，推动养老服务业转型升级，成为近期政府着力推动的一项重大改革。2016年，国务院办公厅印发的《关于全面放开养老服务市场提升养老服务质量的若干意见》就已经提出推进“互联网+”养老服务创新。

2017年2月，工信部、民政部、国家卫健委联合印发的《智慧健康养老产业发展行动计划（2017—2020年）》提出，用互联网、物联网、大数据等信息技术手段，推进智慧健康养老应用系统集成，对接各级医疗机构及养老服务资源，建立老年健康动态监测机制，整合信息资源，为老年人提供智慧健康养老服务。

全国各地对智慧养老的方式进行实践探索，在养老服务领域出现了以下几种新服务模式。

部分老年人开始全面融入互联网新生活，社交、养老等理念发生诸多积极性转变。根据中国社科院国情调查与大数据研究中心、腾讯互联网与社会研究中心联合发布的《社交网络与赋能研究报告》显示，老年人已经成为社交媒体的主要使用群体之一，在上网的老人中，86.07%安装有微信，超过半数的老年人会使用视频聊天、微信群、朋友圈、发红包等功能。可见，互联网尤其是微信的使用，缓解了退休老年人的孤独感，让他们拥有了自己的“朋友圈”，使家人联系更加紧密，赋予老年人社交、社会参与等更多机会和能力，促使老年人群体的心态更加积极和充满正能量。

多样化的老年人可佩戴设备，为高龄老年人、独居老年人等提供了第一时间的应急保障服务。部分城市社区针对空巢老人生活、身体健康等问题，给他们配备了各种各样的“智慧手环”。这些“智慧手环”可以实现实时定位、紧急呼叫自动报警、健康管理等功能，子女和居委会工作人员通过“绑定联络人”的方式对手环客户端进行轨迹查询、智能预警等，实时掌握老年人的状况，为独居老年人、高龄老年人提供最及时的应急保障服务。还有一些社区针对独居老年人，开设了“智慧门禁”系统，通过远程监控、控制门锁系统相连接，预警陌生人入室行骗，保障了老年人的安全。

依托各种养老服务载体，开发社区智慧化养老平台，为老年人提供“互联网+”生活服务。有些城市的社区养老服务中心等服务载体，通过研制适合老年人使用的社区服务APP或服务展示屏，老年人在小区门口或智能手机上，通过点击相关服务按钮，就能够实现挂号预约、家庭医生、送菜上门、送餐上门、家政服务等个性化生活服务。如青岛市市南区有5500名老年人享受送奶探视服务，有万余名老年人享受送报探视服务，有400多名老年人享受送家政服务，这一举措充分借助科技力量，是连接医疗服务、运营商、服务商、个人、家庭的智慧化服务举措，可供各地智慧化养老和实践探索学习。这些举措整合了分散的服务资源，满足了老年人多样化、多层次、个性化的需求，大大提高了社会对老年人的整体服务水平。

在互联网新时代，面对养老人口规模巨大、养老护理人员缺口巨大的现实。充分发挥现代科技的优势，全面探索“互联网+”的智慧化养老服务新模式，无疑是我国养老服务事业发展的重要方向。但需要指出的是，智慧养老是一个由政府、市场、社会组织、家庭、个人等主体共同参与的一项系统工程，需要在制度、科技、政策等方面作出统筹安排和综合创新。目前全国各地探索实行的智慧化养老格局或我国“互联网+养老”，当前还处于初级阶段，尚未形成一种非常成熟、有效和可持续的市场运营模式，很多市场还需要去开拓和探索，再加上区域经济发展、收入水平等方面的差距，智慧养老本身还存在严重的“不平衡、不充分”问题。

以葫芦岛市第二人民医院借助社区医疗服务体系开展的医养结合为例，该医院是一所集医疗、预防、保健、康复、科研、健康体检于一体，具有专科特色的现代化三级综合性医院，于2021年与华中科技大学医养结合研究中心签订协议书，成为国家重点研发计划医养结合服务模式与规范应用示范项目的示范基地。2023年8月，该医院被批准为辽宁省博士后创新实践基地（重点研究方向是医养结合）、中国医科大学附属第一医院分级诊疗平台示范项目合作单位、华中科技大学医养结合研究中心分中心、国家卫健委临床营养建设试点单位、葫芦岛市专家工作站，同时与中国人民解放军总医院、中国科学院肿瘤医院、北京协和医院、北京天坛医院、华中科技大学同济医学院附属同济医院等国内知名医院建立科研学术共建。该医院在中国健康管理协会指导和支持下，建设“医养结合服务中心”和“全国康养示范基地”。聚焦国家老龄化发展趋势和老龄群体实际医养需求，依托“医疗+”“养老+”“康养服务+”，打造全方位、多层次、多元化的医康养护服务体系，以社区与家庭医生为抓手，实现社区对目标群体进行健康管理与跟踪，创建国家级示范展示标准的医养结合项目。根据研究中心项目要求，该医院设立神经内科、心脏中心、康复医学科、内分泌科等老年病相关病房，床位约280张，病房采用适老化设计，并有敬老病房，为老年人提供舒适住院环境。该医院与翡翠城社区养老服务中心面向自理、半自理且白天需要照料的老年人群体开设日托养老服务，有专业的高级营养师会根据季节为老年人制定膳食营养食谱；进行非器械康复；配备多功能全自动护理床，具有起背、侧翻身、坐起、洗头、排泄辅助等功能，解决护理难题、提高护理水平、提高老年人的生活质量；配备适老化桌椅，可方便老年人站起，并铺有防滑垫，可以起到防滑和静音的作用；配备等离子空气消毒净化机，为老年人提供干净舒适的生活环境。在社区和医院内均设有专为老年人提供挂号、就诊等便利服务、开通转诊的绿色通道。

该医院设立了北港、连湾2个社区服务中心，在辖区内开展家庭医生签约服务，截至2022年底，已完成常住人口签约服务32 726人，签约率37%。社区卫生服务中心在信息系统中建立居民健康管理档案，档案内容包含基本信息、诊断病历及保健指导等，关注重点人群，为辖区内居民的健康保驾护航。此外，社区卫生服务中心定期组织老年人体检、慢性疾病筛查等公共卫生服务。在健康保健知识宣传工作方面，社区定期开展大型健康讲座。完成二三级转诊1000余人次。同时葫芦岛市第二人民医院与四家养老机构进行签约合作，分别为葫芦岛市龙港区龙馨老年公寓、葫芦岛市龙港区仁爱老年护理院、葫芦岛市龙港区万福养老院二院、八家子医养结合老年公寓，对养老院工作人员进行培训，定期出诊、健康讲座。

该医院专家组参与编写的《机构签约开展医养结合服务的管理规范》《居家医养结合的智慧管理与服务规范》《社区嵌入型医养结合服务的管理规范标准》《养老机构提供医养结合服务的管理规范》《医疗机构开展医养结合服务的质量规范》已经在全国团体标准信息平台公布并正式实施。

为积极应对人口老龄化问题，着力于解决老年人医疗养老问题，该医院采用综合医养、多层联动的服务模式开展医养结合服务，这种模式打破医养封闭分割，老年患者在疾病加重期或治疗期进入住院状态、在康复期和病情稳定器转为养老院、社区、居家休养状态，形成一体化服务，提高疾病诊治护理、健康检查、大病康复，使老年人养老服务得到充实和提高，在做好传统的生活照料、精神慰藉等服务基础上，更加注重老年人的医疗保健服务，可以为老年人提供连续性、协调性和整体性的医养护一体化服务，老年人群的满意度得到较大提高。

研究者认为：第一，大力创造条件，如采取适当补助的方式，加大互联网资源的均衡分布，帮助买不起电脑、智能手机等设备的老年人跨越“数字鸿沟”，为普及智慧养老提供先决条件和硬件基础，同时要增加无法接触互联网的老年群体的养老服务供给。第二，构筑多层次的老年人口大数据库，为提供精准化智慧养老服务提供足够的数据支撑。以市、区、街镇等为单元，多层次构建精细化的老年人口大数据库，并将老年人数据电子地图化，为智慧养老、精准服务提供空间支撑，满足多样化、多层次和个性化的养老服务需求。第三，以社区为单元发挥政府、市场、社会组织、家庭的共同力量，打造不让任何一个老年人掉队的智慧养老服务社区，探索小尺度智慧养老服务可持续的政社合作运营模式。第四，面向高收入老年人群体，加大全方位、立体化智慧养老地产的试点与推广，依靠市场的力量，满足部分高端养老服务需求。第五，敦促地方政府，在养老金异地领取等领域，强制养老保障机构推行人脸识别技术和网上认证工作，全面推行全国老年人网上刷脸认证，让数据多跑、让人少跑，切实提升异地养老群体的幸福感和可获得感。

发展“医养结合”的服务体系及其模式，是当前老龄化社会的必然要求，需要整合医疗、养老、护理、社区、社保等资源，创建医养结合服务体系模式，促进社区医疗、康复保健与养老护理等服务内容的有机结合，实现医养结合发展。对于医养结合服务体系的云数据模型而言，医养结合主要表现形式是医疗服务和养老服务的融合和信息的交互。云计算数据模型的应用将是满足老年人健康服务需求的医式有效经济的载体和渠道，也势必将引起养老服务模式的变革，并对医养服务体系的效率产生积极影响。医疗服务过程中涉及大量与健康相关的检测结果、诊疗安排、费用支付等数据，养老服务过程中涉及基本信息、健康状况、养护管理、费用结算等数据，云计算数据模型将有效整合医疗、养老、医保等服务资源，提升“医疗云”、“养老云”和“医保云”间的信息交互效率，节省信息成本，提高资源配置效率。

要将云计算数据模型引入养老和医疗服务体系，政府必须在养老、医疗和医保等政策层面进行顶层设计，扫除因政策间的“断裂”而导致的信息融合障碍，强化信息采集标准体系建设，将实现老年人群健康的卫生系统、民政系统和社保系统中的各种公共资源整合到“公共服务云”中。同时，还需要促进“医养结合”服务体系集中部署和维护，实现政府职能部门、居民、医疗机构和养老机构间资源共享，从而降低“医养结合”信息平台的建设成本和运维费用。

“医养结合”服务机构将实现老年人健康信息资源共享，为开展以社区医疗服务中心和社区养老服务机构为主体的“医养结合”服务机构的老年人用户提供按需定制和高质量的养老医疗服务，极大地推动政府部门创新服务体系、促进政务资源共享、降低信息化建设成本，构建集约型政府管理模式。与此同时，“互联网+”时代的到来，为医养结合增添了新的技术和新的服务方式，然而“互联网+”医养结合的应用可能会带来信息泄露、管理责任不清等问题。因此需要政府的调控、社会的多方参与和医疗、养老、管理等机构的合作，才能真正为老年人提供及时、便捷、智能、高质量的医养结合服务，促进我国养老服务事业持续健康发展。

第四节 “互联网+”医养结合养老护理模式探索

随着高新技术的发展，“互联网+”养老也成为医养结合养老服务模式极为核心的内容，当今社会任何事都离不开互联网，尤其是看病就医。目前我国医疗资源配置不均，养老机构供需矛盾突出，老年人就医、养老、康复等问题有待解决，而新型养老模式的出现，在一定程度上能缓解养老相关问题，因此在新型养老模式前提下，通过构建“互联网+”医养结合服务平台，能够将医院、养老机构及居家老人对接到平台内，利用“互联网+”相关技术，实现数据的共享及实时查看等功能，该平台在政府及养老机构依托下，将“养老机构-社区养老服务中心-居家养老”进行整合，构建一体化的“互联网+”医养结合服务模式。医养结合服务将养老与医疗相结合，旨在为老年人提供精准、有效的养老与康复服务。自2013年国务院在《关于加快养老服务业发展的若干意见》（国发〔2013〕35号）中首次提出了医养结合以来，国家卫健委、发改委、民政部等部门开始致力于医养结合的政策体系建设与试点模式的探索和经验推广。但还存在一些问题，如政策体系建设等方面欠缺、养老专业团队质量等。因此，深入研究医养结合养老的实践经验，借鉴医养结合典型案例，有助于提升和完善“互联网+”医养结合养老护理体系。“互联网+”医养结合养老护理模式包括医养一体化建设、专业人才培养、政府政策支持、医养结合模式创新。

一、“互联网+养老护理服务”的制度建设

“互联网+养老护理服务”作为一种新型的养老模式，需要有完善的制度保障，与传统养老模式相比，“互联网+”智慧养老运用云计算、大数据等新技术为老年人提供更加便捷、舒适的养老服务。智慧养老不仅涉及技术水平，还需要有完备的法律政策确保其养老模式正确运营，目前国内的一些相关制度体系比较薄弱。为此，应该对现行的养老模式制度建设进行分析，并提出合理化建议，以期为我国“互联网+养老护理服务”提供参考。当前，“互联网+”智慧养老制度保障面临问题有政府财政支持力度小、养老法律制度不健全、养老服务管理水平单一、养老保障体系均衡性差。政府应制定“互联网+”智慧养老保障制度对策，加大政府财政支持力度、健全养老法律保障制度、提高养老管理体制建设、加强养老保障制度均衡性。

二、“互联网+养老护理服务”质量改善

发展“互联网+”智慧养老服务业，需要加强组织领导，完善各部门的协作，构建养老服务设施规划、配建、移交、管理和使用的长效机制，完善养老人才保障体系，推动养老服务业高质量发展。各级政府和职能部门要坚持系统观念，明确职权，界定责任，完善各部门协作机制体制，提高政策效益。列出政策、任务和责任清单，完善家庭能力建设与可持续发展的支持政策；完善人才保障体系；指导和激励有医疗、护理等专业背景的普通高校开设与养老服务相关的专业和课程，完善养老人员职业技能培训机制。

三、“互联网+养老护理服务”的隐私保护政策

随着当前我国人口老龄化程度的持续加深，养老问题已经成为我国人口发展面临的重要问题，“互联网+”智慧养老能够为老年人提供高质量的养老服务，基于目前智慧养老产业的迅速发展，应从保护老年人信息安全方面建立符合新时代智慧养老的隐私保护政策。为了保障我国“互联网+”智慧养老产业健康发展，政府部门需要健全行业标准和市场规范体系，保护老年人信息安全。通过养老机构的宣传教育，从而帮助老年群体增强隐私保护意识，在使用互联网设备的过程中要注意避免隐私数据的泄漏。构建第三方

监督管理机制，成立专门的机构，对后台大数据利用者进行安全认证并定期查验相关数据的安全性。要健全行业内部运行管理机制，定期对互联网大数据进行排查，严格对质量进行把控，切实保障智慧养老模式的健康运行。

四、“互联网+”医养结合运营模式构建

从市场需求、客户选择、价格方案三方面进行分析，通过一体化的信息服务将医疗资源与社会资源高效利用，从而多角度、多层次的考虑养老服务需求，并搭建医养一体化的养老服务信息平台。“互联网+”医养结合的运营模式要符合市场需求，医养一体化机构最主要的目标客户是老年人，针对不同层次目标客户的不同关注点制定不同的价格策略。

（一）构建“互联网+”医养结合运营平台的目的及意义

通过信息技术搭建云计算平台，将医院、社区及家庭统一为一体，依托医养结合信息平台为居家老人提供数据共享，从而为老年人提供更高质量的护理服务基于“互联网+”大数据背景下，构建医养结合信息化平台，创新了养老服务模式，为我国养老服务机构发展提供借鉴。在大数据共享前提下，为居家老人提供全方位及规范化的服务。

（二）市场需求

当前，随着老年人口数量逐年上升，老年人对养老机构服务需求也在不断增多，“互联网+”医养结合运营模式有针对性地对老年人进行照料和健康管理，通过智能化的医养结合服务优化养老资源配置，根据市场定位来开展智能养老服务，从而提升老年人生活质量也符合市场需求。

（三）客户选择

调查发现，智能养老模式的目标客户主要是老年群体，按照年龄可划分为三个群体，分别为青年老人、中年老人和老年老人，按照年龄划分是因为不同年龄段的老年人对养老需求是不同的。按照老年人的身体状况，可以分为失能老人、慢性病老人、失智老人和自理型老人，还可从家庭结构进行区分，多子女家庭和独生子女家庭对养老服务存在不同的需求，对养老服务会产生影响。

（四）价格方案

从我国养老服务业调查情况来看，老年人中有高收入群体、低收入群体和中等收入群体，像一些大城市，老年人收入水平高，有较强的支付能力。所以，对于这部分老年群体来说，对“互联网+”医养结合养老模式有着较高的要求，在价格方案制定中需要加以考虑。医养结合养老服务产业的主营业务收入包括医疗费用、康复治疗费用、药品费用、心理咨询和文娱活动等费用，根据不同目标客户的需求制订不同的价格方案（图8-4）。

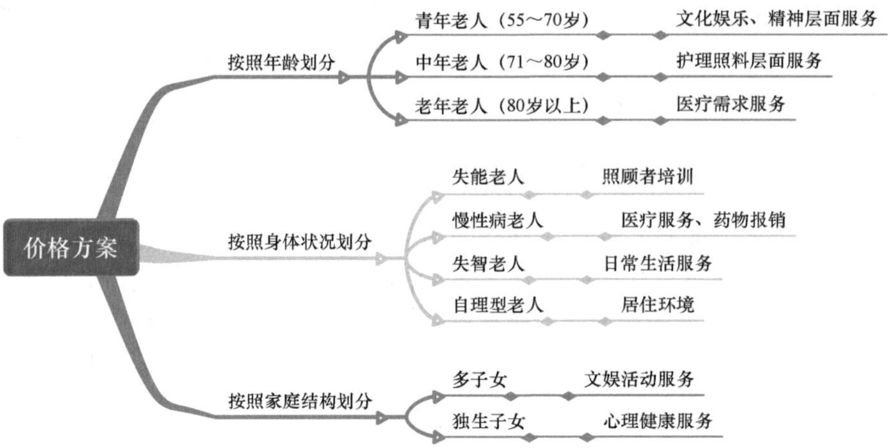

图 8-4　不同目标客户的不同需求

本章介绍了云计算数据模型对医养结合服务体系的影响、互联网的快速发展对老年人生活机会进行重构、“互联网+”医养结合的构成要素、“互联网+”医养结合优势分析及服务功能、云计算数据模型对“医养结合”模式的启示、“互联网+”医养结合养老护理模式探索相关内容。通过分析云计算模型对医养结合服务体系的影响，建议借助“互联网+”优势加快社区居家养老服务中心的医养结合。随着我国人口老龄化、城市化进程的加快和人们生活习惯的改变，我国养老问题也迫在眉睫，在老年人养老需求不断增加情况下，“互联网+”医养结合养老模式快速兴起，但养老护理体系建设有待完善、养老专业护理团队质量有待提高、政府应出台相关保护政策等。

济南市开展“互联网+护理服务”探索

为响应国家、省、市号召，济南市各级医疗机构成立“互联网+护理服务”领导小组和工作小组，依托第三方“九州优护”APP平台，将本单位的延续护理服务纳入全市统一管理，初步构建了“网约护士”及“医院-社区-家庭”两种护理服务模式，建立了运行保障机制。在山东省护理学会的支持下，山东优护网络科技有限公司创建了“九州优护”（患者用户客户端）和“九州医护”（医护人员客户端）手机APP平台（以下简称“平台”），并于2019年5月正式上线。截至2022年5月，平台已与济南市内65所医疗机构签约，包括省级医院5所、市级医院22所，县、区级医院10所，社区卫生服务中心28所。用户可通过微信搜索、扫描二维码、手机应用市场直接搜索“九州优护”APP并下载安装后进行在线下单。医务人员下载安装“九州医护”APP后可在线接单。“互联网+”与护理服务的结合，满足了人民群众上门护理的服务需求，符合老龄化社会发展的趋势。

第九章　医养结合管理模式创新发展建议

第一节　借助“互联网+”技术构建政府整体性治理机制

持续推进“互联网+”与养老服务深度结合，互联网产业和养老产业均是当今发展潜力巨大的朝阳产业，二者相辅相成互相促进，将“互联网+”与医养结合相结合有利于老年人生活质量提高和社会的和谐。鼓励养老机构和社区联合建立公共信息平台，长期跟踪老年人健康状况、预测预警疾病风险的个性化健康管理服务。以社区辐射网络为基础，以现有互联网和传媒为技术手段，搭建养老信息服务网和资源分享平台，提供看护、健康管理、养生康复等居家养老服务。鼓励互联网与医疗技术结合的便携式设备在养老服务机构的应用，以现代技术手段提供传统治疗与养老服务，开发符合老年人多层次、多方位养老需求的新服务项目，进一步提升医养结合养老服务水平。

一、加强顶层设计

政府层面的医养结合与社会层面并不相同，并不是单纯的卫生部门与民政部门的“混合”，而是要构建卫生部门与民政部门有效“配合”的机制，而配合管理体制要从顶层设计出发，强化各分管部门间的横向沟通和协商，形成长效协作管理体系。首先要改变现有医养结合项目的绩效考核体系，将对单一部门的政绩评价转变为对项目的综合评价，并与现行政绩考核体系相衔接，削弱各个管理部门间的竞争性。其次要明确部门权责，在医养结合项目中对部门的管辖范围做出明确界定，避免各管理部门的管辖范围产生重叠和缺位。再次，要构建部门间的决策中枢，在医养结合项目的管理过程中通过价值导向进行决策，并有效抑制单部门利益的膨胀。最后，建立部门间横向协调机制，通过工作流程标准、信息共享或政策目标进行协调，特别是构建民政部门、卫生部门和医保部门的协调对话机制，在政府层面对医、养、保进行衔接。

二、合理规划医养结合区域分布

在健康中国愿景下，需要国家统筹规划，制定区域、地域养老社区规划，低/中/高养老社区发展指南，充分考虑到不同经济水平、不同社会群体的养老需求，让各类医养社区资源合理有序发展，服务不同区域的老龄人口，真正实现老有所养。商业保险资本运营的“医养结合”养老社区在我国现阶段主要集中在北/上/广/深、武汉、南京等核心区域城市，各大保险公司各自为政，纷纷开发自己的中高端医养社区。在同一城市的重复布局造成中高端养老资源的重叠饱和，而其他有需求的城市养老资源缺乏；同一区域中高端养老社区数量增多，而中低端医养社区不足，影响不同群体的养老服务。因此地方政府部门应当合理规划医养社区地域分布，制定医养社区发展规划，完善医养社区的地域分布，服务不同区域的养老人口：推进不同层次养老社区建设，服务不同需求的老年人群，做到因地制宜、老有所养。

三、完善医养社区服务层次布局

以商业保险资本投资运营的医养结合养老社区为例，其定位是高中端养老群体，提供高端医养服务，但是在我国老龄人口贫富差距依然存在的现实下，这显然不科学。商业保险资本投资运营养老社区应当考虑到不同养老群体的需求，单一发展模式不利于我国医养产业发展，虽然商业保险资本进入高端养老产业有较大的市场需求，但是基层养老市场才是我国养老产业发展的最大市场。

因此，我国的各级政府需要完善医养服务的层次布局，合理发展不同层次的医养社区，鼓励商业资本进入到有最大市场需求的基层养老市场中去，建设乡镇初级医养结合养老社区、县市中级医养结合养老社区和省域高级医养结合养老社区，不同层次的养老社区服务不同需求的养老群体，同一老人的养老需求在不同级别养老社区流转，真正实现灵活性养老。

四、"互联网+"医养结合平台运营模式

（一）平台运营主体

"互联网+"医养结合平台的运营包括政府、养老机构与社区养老运营主体，平台建立为互联网软件公司。平台运营主体及功能见表9-1。

表 9-1　平台运营主体及功能

运营主体	功能
政府主导运营	政府部门要发挥主导作用，制定医养结合相关的方针政策，为智能养老服务奠定基础。建立科学养老服务发展体系，细化养老服务发展目标，落实好养老服务税收减免规定，给予养老补贴等优惠政策，加强养老基础服务设施建设，建立健全医养结合养老服务监管体系，确保养老平台规范运行
养老机构运营	养老机构包括各大养老院、老年公寓、护理院等养老机构，各养老机构根据市场需求，对老年人实施科学、高效、合理、规范化的运营模式管理，结合信息数据库，实现机构人、财、物功能定位，定期为老年人进行体检，掌握老年人的身体情况
社区养老运营	社区居家养老服务立足于多元化建设，主要服务内容包括：日常生活照料、康复护理、心理健康咨询、精神慰藉、临终关怀等家政服务，社区养老机构要根据不同老年人的居家生活需求，不断增加养老服务内容，对出现的不足之处和相关问题要及时解决，确保社区养老服务工作稳步运行

（二）"互联网+"医养结合平台运营方案

人口老龄化背景下，利用"互联网+"信息技术，借助智能产品，构建"互联网+"医养结合养老模式，可以有效解决我国养老问题。同时，利用信息化技术将医疗资源进行合理配置。医养结合是将医疗与养老有机结合起来，使老年人在医的基础上实现了养，既守护了老年人的身体健康，又提高了老年人的生活质量，由此，应建立健全医养结合平台运营相关制度，实现养老平台运营的最大价值。"互联网+"医养结合平台运营方案见图9-1。

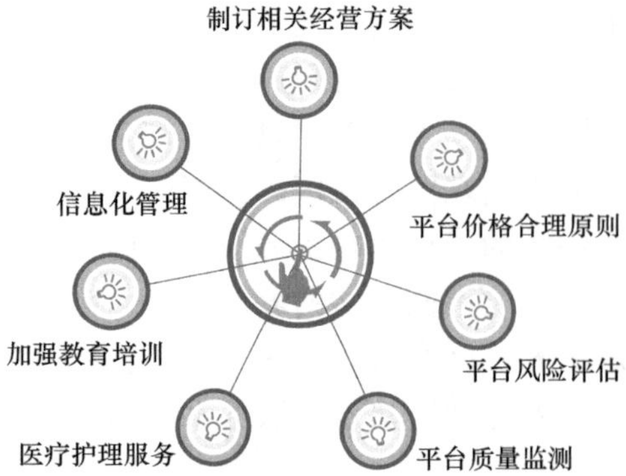

图 9-1　"互联网+"医养结合平台运营方案

第二节　完善相关政策和法规，制定统一标准

一、完善市场机制和监督机制

通过建立健全市场机制，鼓励养老市场良性健康发展，引入市场竞争机制。营造有序的市场环境，促使经营者提升服务质量和管理水平，广泛吸引社会资本进入养老市场，同时积极探索民间资本、社会团体等主体参与的路径，有效整合社会资源，鼓励有实力的民办养老机构产业化、集团化发展。另外，鼓励和引导各类金融机构创新金融产品和服务方式，通过小额贷款、上市融资、预期收益权质押等贷款业务，拓宽融资渠道，加大金融行业对医养结合的支持力度。完善监管机制，对医养结合服务的人员素质、设备配置、管理方式、服务质量进行规范化监督，同时完善市场的准入和退出机制，强化政府兜底作用，保障被照护者的合法权益。

二、制定统一标准

医养结合在我国发展的时间较短，还没有形成一个标准的模式，现阶段已经运营的医养结合养老模式只将传统的养老机构与医疗机构进行整合，并不符合现代养老需求的内涵。商业保险资本运营的医养结合养老社区就是针对传统医养结合模式的不足而发展起来的。它从现代养老的内涵出发，充分考虑到现代老年人对于医疗服务、养老服务和精神慰藉服务的多样化需求，引进和创新服务模式，在环境适宜地区整体规划，建设医养结合一体化养老社区、高质量医疗护理保障、多类型养老区域划分、人性化精神文化服务，充分满足现代养老需求，是一种比较可行的“医养结合”模式。

依据各城市现有的医疗资源、养老资源的发展现状，政府须制定完整、翔实、可操作的政策，让医养结合的发展有法可依、有章可循。以长江经济带城市群建设为例，可以考虑建立区域性的医养结合联动机制和与之相适宜的法律法规。一是要完善医养结合地方性法规。对医养结合机构的服务模式、服务水平、服务内容作出明确的规定，明确“医”和“养”的界限，规范各自的权利和义务，明确医养结合的法律流程，让养老机构和医疗机构的规范化合作有法可依。二是要完善医养结合模式标准体系。以《医疗养老结合基本服务规范》为基础，结合各地区医养结合发展实际情况，制定有梯度、分层次的评价和分级体系，对服务内容和价格区间作出区分。使被照护者可以按自身需求选择不同级别的医养结合机构，满足老年人自身养老需求，并提高资源利用效率。

然而，我国医养产业发展至今没有相关的行业标准，无论是现有的医养结合模式，还是商业保险资本投资运营的创新模式，都只是在养老政策的宏观框架内各自为政运行，关于医养产业的进入标准、医养社区建设的类型、社区养老功能科室设置、从业服务人员资格认证、收费补贴标准等具体管理细则都还没有形成，仍然用以前旧有的养老制度来规范现代医养产业发展，这显示是行不通的。因此，我国医养产业的发展，需要在现有医养产业充分调研的基础上，制定具有具体性、可行性、前瞻性、合理性的医养产业行业标准，指导商业资本投资运营的医养结合养老社区的规范发展，在不断创新医养结合模式满足社会养老需求的同时，用明确的行业标准促进我国养老产业的健康发展，实现经济利益与社会效益的有机统一。

三、完善医养结合保险制度

医养结合是社会层面医疗服务与养老服务的有效衔接，由两者形成“医”“养”“护”整体服务保障的格局，其长期、稳定运行能为失能半失能及失智老人提供有力且可靠的保障。我国医养产业发展初期，商业保险资本作为医养产业运营模式的创新实践者，需要不断摸索合理有效实用的运营模式。商业保险公司要兼顾企业效益与社会责任的统一。可以在医养社区的运营中探索医养产业运行标准，形成医养产业行业规范，带动我国医养产业的发展；可以投资布局不同层次的医养结合养老社区，利用自身在资金、医疗、人员等方面的优势，服务不同群体的养老需求，实现经济利益与社会责任的统一；可以参与国家养老产业相关法律法规的制定，用自己实际运用经验促进我国养老产业发展；可以与国家社会保障制度相结合，为入住的老人提供更多的养老服务保障；可以逐渐降低入住费用，让更多老人享受医养服务。

借鉴国内外的实践经验，此制度的健全和稳定运行不仅需要服务享受者的稳定收入，更需要政府在筹措机制、保障对象和给付标准上进行改良。筹措机制方面，长期医疗照护保险应与现行医疗保险体系分割，独立成为“第六险种”，其筹措机制必须与医疗保险的筹措机制相独立，以保证其在老龄化提速的背景下有充足的资金运作。首先，出于该保险制度的社会福利性质，公共财政补贴仍然应为其主要资金来源。其次，保障对象定期缴纳保费也同样是其稳定筹资的重要基础，然而，政府应慎重划定保障对象的年龄限制，以控制个人缴纳保费的比例，减小个人的经济压力。最后，保障对象所在的工作单位也应承担部分比例保费，履行养老的社会责任。

四、创新医养结合运营模式

社区是我国医养产业发展进步的先行者，其通过创新运营模式，从入住老年人的实际需求出发，可以更多地了解和服务入住老年人，也将积累丰富的老年人护理服务经验。因此，商业保险资本主体要主动参与我国养老护理保险制度的建立，确立护理保险制度的具体内容，与立法部门积极沟通，从我国养老国情出发，配合制定符合实际需要的护理保险制度，服务我国养老产业，运用互联网技术实现信息共享。

一方面，“互联网+”技术不仅能有效解决沟通不畅问题，还能促进医养结合养老模式的供给侧结构性改革，使得养老服务供需更加匹配。“互联网+”在医养结合养老模式领域的运作，会使得各机构信息资源共享，提升服务质量。为了能够使老年人得到更好的护理服务，由社区或养老机构为每位老年人建立起电子健康档案，由此构建老年人健康大数据平台。电子健康档案不仅包括个人基本信息，身体健康状况，还包括个人生活习惯。通过每个站点的智能化健康监测设备，老年人可采集“血压、血糖、血氧、心电”等生理数据，并通过健康管理档案实时上传至云端再利用互联网的信息集成功能，经由大数据分析，掌握老年人的主要需求和基本情况，充分满足老年人需求。

另一方面，利用互联网大数据技术，构建养老服务健康中心平台，平台中不仅包括老年人的健康信息，还包括养老服务机构设备信息，从需求和供给两个角度促进医养结合养老模式的发展。通过大数据技术合理计算，可以及时掌握各医院或机构的剩余资源现状，为老年人就诊、转诊开辟快捷通道，缓解就诊、转诊困难的问题。通过大数据挖掘技术与分析技术，分析各地区老年人养老情况，协调安排社区、机构养老设施分配，改善实现区域内信息的有效整合，方便信息的共享。

随着信息技术的推广和应用，智慧养老项目成为当今养老事业发展的新兴势力。智慧养老是面向居家老人、社区及养老机构的传感网系统与信息平台，并在此基础上提供实时、快捷、高效、低成本的，物联化、互联化、智能化的养老服务，但目前并没有被有效地利用和广泛地推广，社会对智慧养老项目的认知度和接受度还不够高，因此，提高民众对智慧养老项目的认可度，就显得非常重要。一方面，政府应该制定相应政策鼓励智慧养老项目的发展，总结具体项目取得的成效，将优质项目积极宣传和推广，提高智慧养老的认知度，为智慧养老的发展打下群众基础。另一方面，对养老机构或企业主体自主研发的智慧养老项目，政府应该给予一定的优惠政策和资金支持，将先进科技成果应用于地区试点中去。不仅提升养老服务质量水平与养老机构的管理水平，还可以增加养老服务业的市场价值与社会价值。

五、拓展筹资渠道，多元化运营

由于医养结合养老模式的特殊性，其资本筹资困难。而“互联网+”为医养结合养老模式注入新的发展力量，提供新的发展思路。医养结合养老模式的巨大市场潜力，将会吸引大量的互联网企业参与。互联网企业注入资本，开发更多的移动医疗设备，不断满足老年人医护需求。通过线上数据、线下宣传、移动终端等渠道拓宽医养结合市场，不断涌现的应用产品、市场竞争氛围、社会力量参与医疗、养老行业。不断扩展资金来源渠道，满足不断增长的医疗护理服务需求，促进医养结合养老模式的可持续发展。当前我国医养结合养老模式的收费水平仍偏高，低收入老年人支付能力较弱，尚且无法负担。互联网大数据的应用，可构建就医信息平台，加快实现医保异地结算问题。将医养结合费用纳入医保报销范围内，缓解老年人养老压力。此外，大数据信息的完善为保险业的发展提供机遇。鼓励商业长期护理保险的发展，保险公司设计多层次的医养结合相关产品，缓解个人的资金压力，也为医养结合养老模式提供资金支持。

六、培养医养融合产业人才

我国医养产业发展的时间相对较短、老龄人口数量巨大、医护管理人才培养体系不健全等因素严重制约了中高端医养社区发展对于高质量人才的需求。随着人口老龄化程度的不断加深，医养结合养老社区的不断发展壮大，医护管理人才的缺口将会不断增大，解决好医护管理人才问题将是我国养老产业发展的关键环节。因此，商业保险资本需要加强与高校合作，根据现实需要，培养不同种类、不同层次的医护管理人才。

专业人才紧缺是现在医养结合十分重要的制约要素。通过大数据技术，从已从事护理行业的人员和还未从事护理行业的学生两个角度着手。首先通过建设信息化平台，为护理人员提供更多的理论培训和实训机会，由此提升护理人员的综合素质水平。营造良好的就业氛围，实现护理人员数量与人员质量的有效统一，加快完善护理市场。基于大数据，分析现在护理市场的需求，用数据直接展现护理未来发展前景，为高校招生提供参考，同时增强了人们从事护理行业的信心，为面向医护专业的学生提供实训平台。为在校护理专业学生设计合理课程培训方案，使其成为专业性、技术型的养老服务人员，这些培训都可以通过大数据技术实现。目前市场护工文化程度偏低、护理专业知识浅薄，且其本身年龄较大等问题，需要加快护理人才队伍建设，抓好现有护理人员的培训，搭建数据共享的护理方面的培训内容，提高其综合素质。此外，为解决护理专业学生因薪资低而大量流失问题，可以通过提高护理专业学生的留用率，从而提高他们的待遇水平。政府可以出台相关的政策，鼓励企事业单位给予护理专业学生更好的薪资待遇，建立良好的工作环境和发展机会，从而吸引他们从事护理行业工作。

医养产业是一个新兴产业，在我国有巨大的市场需求，医养产业也是一个特殊的产业，它从诞生起就背负着社会养老的责任。商业保险资本运营的医养结合养老社区需要兼顾经济效益与社会责任，主动探索医养产业使用模式，服务不同群体养老需求，可以适当的降低盈利水平，让利于老年人，赢得市场认同，确立一种“薄利多销”式养老社区运营模式，将会获得更多政策支持和更多的养老市场份额，同时也会获得企业效益。正如企业社会责任理论家琼斯福·马可圭里认为：企业社会责任是指企业不仅负有经济责任和法律义务，而且更有超越这些义务的其他责任。

七、医养结合模式对老年专科护士的挑战和机遇

近年我国人口老龄化速度的进一步加快对老年人养老服务及长期照护产生了较大的影响。为满足老年人长期护理需求、加强养老护理服务学科建设，应以医养结合养老服务模式带动护理人才培养和护理服务能力的提升。在“互联网+”医养结合养老服务能力提升中，专科护士培养是一个重要抓手。当前，我国已有多家养老机构与医疗机构尝试开展“互联网+”养老专科护士实践模式，并取得了一些成效，但由于缺乏相关理论研究的指导，在实践服务过程中也出现了一些问题，如我国养老护理人员综合素质低、人数少、教育落后的现状，难以满足老年人的长期护理需求。因此，培养和发展老年专科护士成为养老服务的必然要求，未来医养结合服务模式该如何引领专科护士的健康发展，还需要我们进一步去探索。

（一）老年专科护士的概念

专科护士的概念起源于美国。美国护理学会将专科护士定义为：获得硕士或博士学位，拥有丰富临床经验，精通专科护理知识和技能，并通过相应的资格认证考试的专家型临床护理工作者。我国老年专科护士定义是指在老年护理领域进行专业照护，从事老年人疾病的预防、评估及护理等工作的注册护士，需要参加老年专科相关培训，通过理论及技能考核，并取得资格证书。

（二）国内外老年专科护士的发展现状

目前，人口老龄化程度加剧是我国突出的社会问题，老年专科护理已经成为全球护理实践趋势，随着互联网技术的快速发展，提高老年专科护士的发展已经成为必然趋势，如何提高老年人的养老护理需求，实现老年专科护士的健康发展，已成为社会和医学界广泛关注的话题。

1. 国外老年专科护士的发展现状 专科护士最早起源于20世纪初期，1954年美国设置了护理专业领域的硕士教育课程，后扩展至包括老年护理在内的多个护理专科领域。20世纪中期，美国率先开展了老年专科护士的发展探索，随后欧洲各国纷纷引入并开始

探索与自己国情相适应的培养模式与实践方案。20世纪末，日本制定了相应的专科护士认证制度，着手在多个护理领域培育专科护士。

2. 国内老年专科护士的发展现状　我国专科护士的培养工作最早始于香港，1991年多个护理专家组在香港顺利组建，并为专科护士制订了相应的培训课程及工作准则。2005年2月研究生专科护士培训课程在南方医科大学和香港理工大学的合作下开始了试点工作，随后老年专科护士培养工作在全国各省市相继开展起来。2016年《全国护理事业发展规划（2016—2020年）》提出，将加强老年护理从业人员的规范化培养工作，加快老年护理人员的梯队建设，不断提高护士的综合能力。2017年第2届国际专科护士大会在浙江召开，将美国老年护理专科护士资格认证考试引入我国，表明了我国的专科护理开始与国际接轨。目前，我国老年专科护士发展还有待进一步规范。

（三）互联网+老年专科护士发展面临的问题及对策

"互联网+"老年专科护士发展面临的问题及对策：①老年专科养老护理人员短缺，综合素质低，系统培训不足。随着人口老龄化速度的加快，老年人口总数不断攀升，养老护理需求不断增加。今后应努力提高老年专科护士地位及薪资待遇，制定相关政策，积极引入高素质老年专科护理人才，加强高水平、高层次护理人才的培养工作，不断壮大老年专科养老护理人才。②老年专科养老护理人才教育发展落后。专科护理人员大多数外语能力差，很难获取国际前沿的护理知识及观念，且师资力量也相对缺乏。应该加大老年专科护士的教育培养力度，推动专科护士教育改革与发展，借鉴相关地区先进经验，引进网络教育教学平台，提高护理人才的水平。③我国老年专科护士培养体系尚未健全，没有形成统一的标准。不同地区的培养模式各不相同，标准不统一，无法作出横向研究对比。我国老年专科护士培养应有统一的标准，借鉴国外发达国家的培养经验，在政府相关部门的依托下，加强各地区的实践，积极探索老年专科护士培养模式。④老年专科护士岗位职责尚不明确。各地区医疗单位岗位设置欠明确，老年专科护士对自己角色定位不明确，加上沉重的临床护理工作，使得老年专科护士工作效率低下。设置老年专科护士岗位，对老年专科护士工作职责进行定位，建立有效的工作激励制度，提高其工资待遇，制订相关管理方案，提高老年专科护士的工作积极性。

我国老年护理人才培养模式现状

天津中医药大学护理学院作为我国本科老年护理人才培养的先行者，2011年9月该专业方向正式获批并更名为"老年护理专业"方向。学院采用"校企共建"的办学模式，创建了富有老年特色的课程体系，采取了"行动导向"的实践教学策略，培养老年护理高级专业人才。为应对日益增加的老年人专业照护需求，河北中医药大学护理学院开设了本科老年护理实验班，在培养具有专业老年护理知识的临床、教育科研老年护理专业人才等方面进行了尝试。杭州师范大学钱江学院护理分院于2015年开设了本科护理的"老年服务与管理"方向，通过与高端养老机构签订协议的"订单式"培养，培养能在养老服务机构及相关健康产业进行业务管理的高素质应用型人才。可以看出，我国目前已开始关注到老年专业护士的培养需求，老年护理人才培养主要面对养老机构的高端护理人才管理方向，但面向老年专科医院或老年病房的老年护理专业人才培养人数较少，且对老年护理人才培养后的能力尚无明确的评价指标。

参考文献

董恩宏, 鲍勇, 刘威, 2016.“医养融合”背景下社区医疗机构与养老机构联动模式研究综述. 中国卫生事业管理, 33(10): 731-732+742.

樊惠颖, 高淑红, 2022.《养老机构服务安全基本规范》强制性国家标准的实施见解. 中国卫生标准管理, 13(5): 1-4.

龚勋, 陈斌, 吕晖, 2015. 湖北省医养融合养老模式构想. 医学与社会, 28(1): 37-38.

龚勋, 童叶青, 蔡毅, 等, 2015. 云计算数据模型对“医养融合”模式的影响分析. 医学与社会, 28(9): 2-3.

侯华梅, 2022. 加强社区养老服务体系建设. 中国经济评论, (4): 20-21.

胡善菊, 武春燕, 杨锦茹, 等, 2022. 创建“医养结合示范省”的经验、问题与对策. 卫生经济研究, 39(3): 5-8.

黄佳培, 张海涛, 张琰, 等, 2017.“医养融合”居家养老模式的探索与实践——以苏州市H社区为例. 江苏卫生事业管理, 28(3): 154-156.

李茜茜, 司建平, 郭清, 2022. 医养结合机构老年人群生存质量分析及对策研究. 浙江中医药大学学报, 46(3): 229-237+242.

李晓亮, 贺艳宁, 郭红梅, 2022. 新形势下社区养老服务体系构建——社区医养结合型养老服务模式初探. 科技风, (10): 155-157.

李长远, 张举国, 2017. 我国医养结合养老服务的典型模式及优化策略. 求实, (7): 68-79.

马振涛, 2022. 人口老龄化背景下商业保险参与三支柱养老体系建设进展、问题及发展建议. 西南金融, (2): 79-88.

孟庆跃, 刘国祥, 2023. 卫生经济学. 2版. 北京: 人民卫生出版社.

钱华, 2022. 云南省发展医养产业优势、困境分析及对策探讨. 上海管理科学, 44(2): 121-125.

孙小琳, 韩振燕, 2022. 政策工具视域下医养结合政策内容研究——基于2006～2020年南京市政策文本分析. 中国卫生事业管理, 39(4): 245-249.

童立纺, 赵庆华, 丁福, 等, 2015. 医养结合老年长期照护模式的探索与实践. 护理研究, 29(4): 476-478.

王林, 法若冰, 王长青, 2017. 国外长期护理模式对我国医养结合养老模式的启示. 南京医科大学学报(社会科学版), 17(1): 17-21.

王雅霞, 曹峰, 田维毅, 2022. 中国医养结合发展的历史源流. 贵州中医药大学学报, 44(2): 100-103.

蔚晗, 方娟, 陈帅, 等, 2022. 医联体视角下三级公立医院参与医养结合发展路径研究. 江苏卫生事业管理, 33(2): 160-163.

夏家红, 2014. 武汉市“医养结合”模式评析. 长江论坛, (6): 41-43.

杨孝盼, 施坤玉, 廖艳梅, 等, 2022. 苏州医养结合养老机构发展研究. 合作经济与科技, (10): 174-177.

张玉杰, 尹文强, 闫语, 等, 2022. 居民对医养结合养老服务参与意愿的Meta分析. 中国全科医学, 25(10): 1269-1274.

赵迪, 张思文, 胡泳, 等, 2022. 沈阳市中医药医养结合养老服务发展研究. 合作经济与科技, (10): 178-179.

朱吉, 贾杨, 陆超娣, 等, 2015. 上海市“医养融合”面临的问题及对策建议. 中国卫生资源, 18(3): 233-235.